한 권 교양툰

삼국지를 한번도 안 읽어 볼 수는 없잖아!

차례

1장 황건적의 난 6

노란 두건으로 하늘을 가리다.

2장 반동탁연합 44

황제를 가로챈 역적. 하나의 뜻으로 뭉친 영웅들.

3장 군웅할거 76

영웅은 강한 사람이 아닌, 살아남은 사람이다.

4장 관도대전 132

오랜 친구에서 힘을 겨루는 라이벌로.

5장 적벽대전 188

물 위에서 벌어진 붉은 전쟁.

6장 천하삼분지계 244

북은 조조, 동은 손권, 그럼 남은 건 서쪽!

7장 유비의 꿈 314

짧았던 전성기, 하지만 그 꿈은 제갈량에게 전해진다.

8장 마침내, 천하통일! 394

최후에 미소 짓는 자는 누구?

노란 수건으로 하늘을 가리다.

AD 168 – AD 189

1장

황건적의 난

인물관계도 AD 168 - AD 189

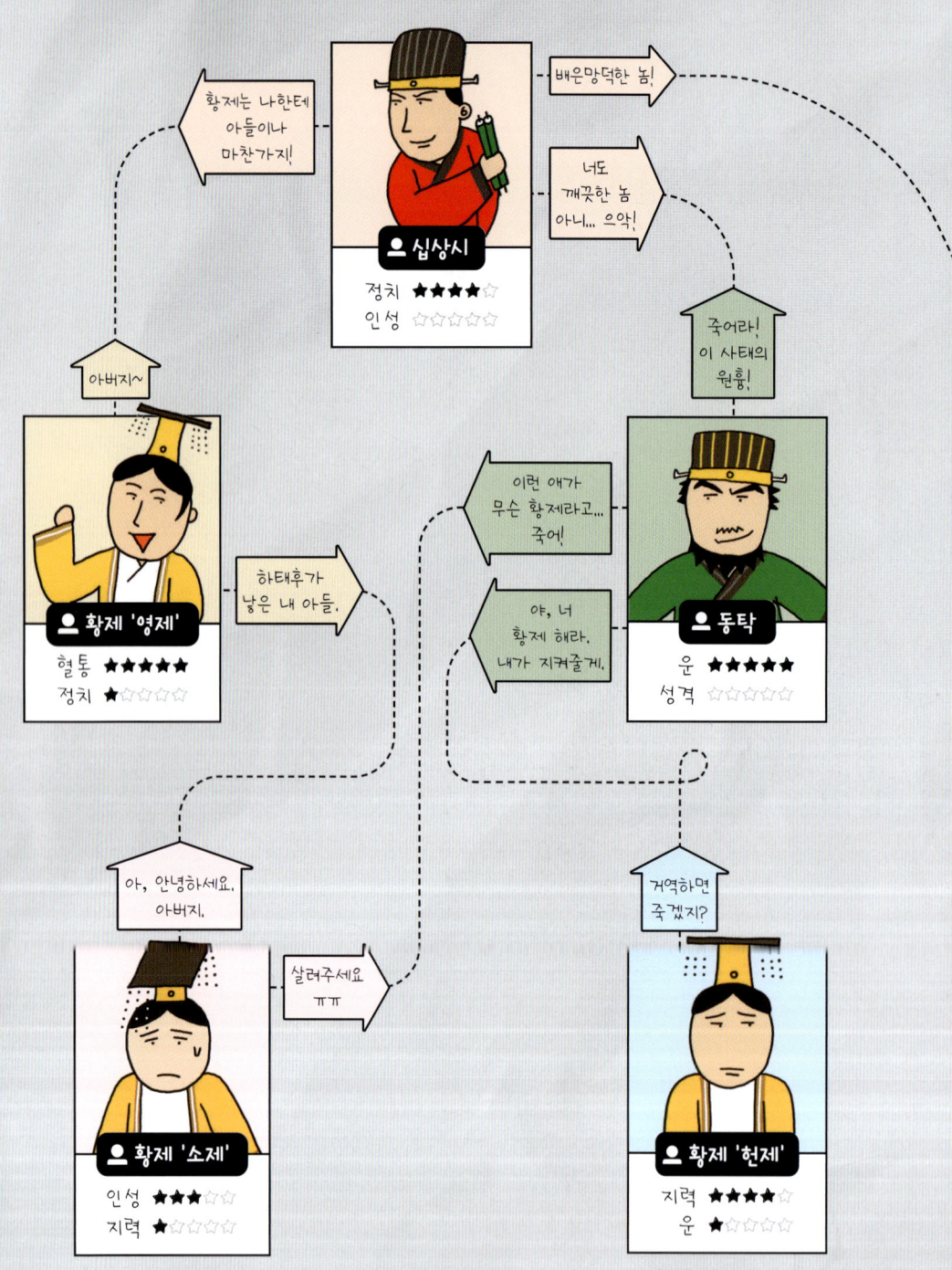

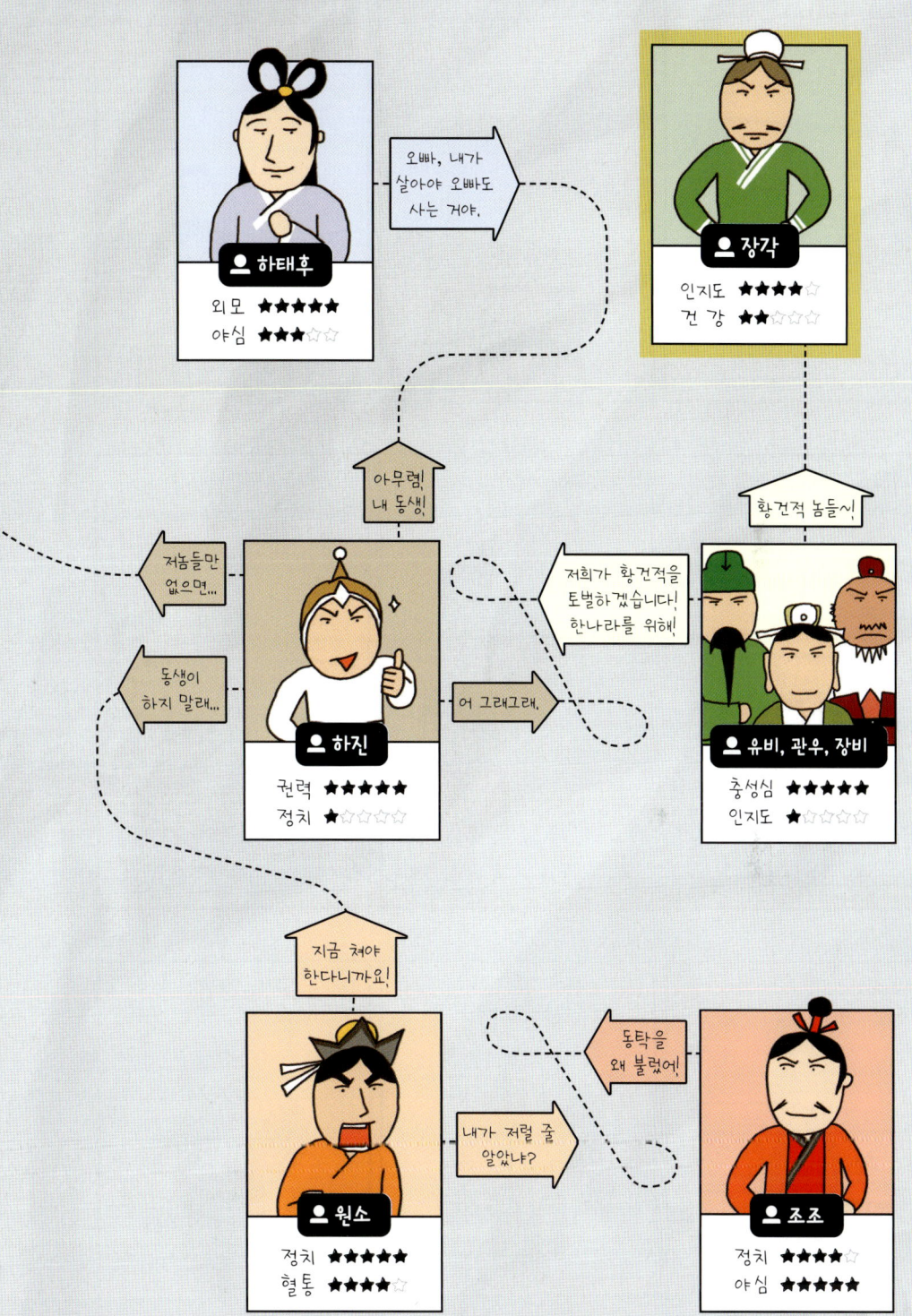

1장 | 황건적의 난 노란 두건으로 하늘을 가리다.

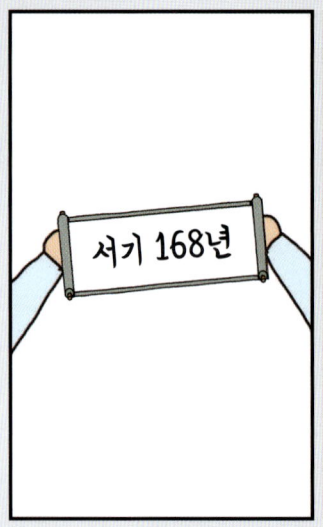

한 아이가 13살의 나이로 황제에 즉위하는데

이 아이가 한나라 제27대 황제, '영제'야.

지금도 13살이면 충분히 어린데, 그때라고 달랐겠어? 당연히 노는 것에 더 관심이 많았고

나라에서는 부정부패가 만연해졌지.

엉망이었던 한나라는 더욱 궁핍해지는데

영제 본인이 직접 나서서 매관매직까지 하니

나라가 더욱더 엉망이 될 수밖에!

* 매관매직 : 관직을 돈으로 사고파는 것.

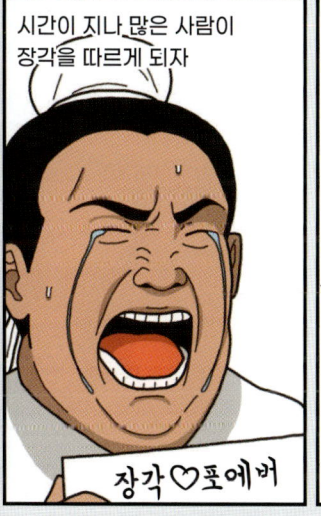

1장 | 황건적의 난 노란 두건으로 하늘을 가리다.

1장 | 황건적의 난 노란 두건으로 하늘을 가리다.

1장 | 황건적의 난   노란 두건으로 하늘을 가리다.

1장 | **황건적의 난** 노란 두건으로 하늘을 가리다.

한나라 관군과 토벌군들의 활약으로 황건적은 소탕했어.

하지만 나라는 여전히 어지러웠어. 각종 부정부패가 나라 전체에 퍼졌고,

그 부정부패로 쌓은 탑 꼭대기에서는 또 다른 싸움이 시작되려 하고 있었어.

바로 황제의 외삼촌인 대장군 하진과

십상시...!

황제를 모시는 10명의 환관. 십상시의 싸움이었지.

쟤 왜 저래?

……

알겠어. 간단하게 설명해줄게.

황건적이 기승을 부리기 전의 한나라 말기, 이때 권력은 두 부류가 나눠 가지고 있었어.

먼저 어린 황제가 즉위하면 황제의 어머니 쪽 사람들, 즉 황제의 외척들이 권력을 잡아.

애가 뭘 안다고...

이런 건 엄마가 하는 거야.

하지만 황제가 어느 정도 자라면, 이게 잘못되어있다는 걸 알아차리게 된단 말이지?

…… 황제는 난데...

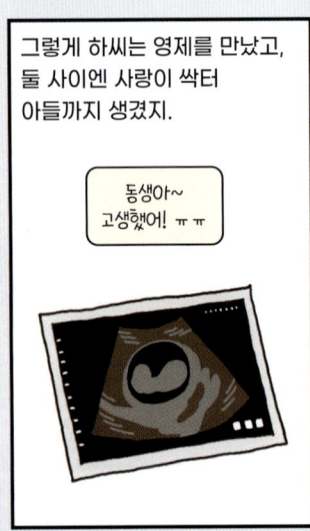

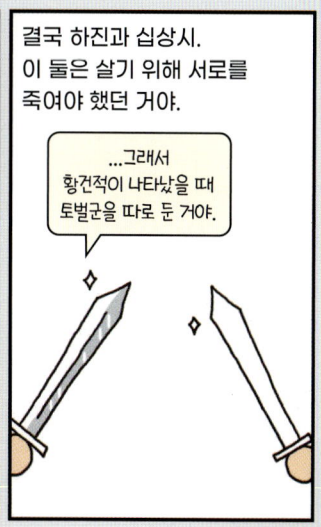

* **군벌** : 강대한 군사력을 배경으로 정치적 특권을 장악한 군인집단

1장 | **황건적의 난** 노란 두건으로 하늘을 가리다.

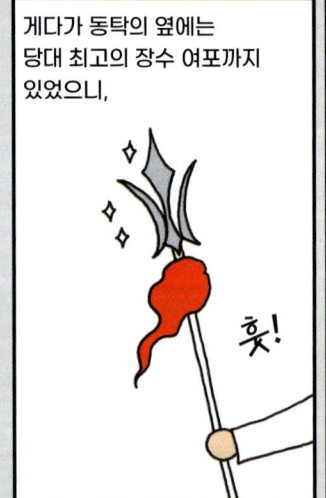

1장 | **황건적의 난** 노란 두건으로 하늘을 가리다.

알아두면 쓸데있는
삼국지 잡학사전

1장 황건적의 난 노란 두건으로 하늘을 가리다.

노식
한나라 말기의 정치가이자 학자, 장군. 황건적의 난을 토벌하는 데 힘을 많이 썼다. 유비와 공손찬의 스승으로 알려져 있다. 황건적을 토벌하던 도중 모함을 받고 쫓겨나게 되니, 그 자리를 동탁이 이어받았다.

> 맞아요! 유비, 제가 가르쳤어요!

주준, 황보숭
노식과 같이 황건적을 토벌했던 장군들. 다들 명장이다.

장보, 장각, 장량
장각 3형제. 맏형 장각을 따라 황건적을 지휘했다.

태평도 太平道
장각이 만든 종교의 이름. 나중에 나오는 오두미교와 같은 도교의 일종이다.

대현량사 大賢良師
장각이 태평도를 창시하면서 스스로 부여한 직책.

십상시 장양

십상시의 리더격 인물.
영제가 아버지라고 부를 만큼 신임했다.
원소가 궁에 군사를 끌고 십상시를 처단할 당시
하태후와 소제, 동생 협을 데리고 황궁을
빠져나왔지만, 동탁에게 잡혀버린다.

조등

장양보다 더 큰 영향력을
가지고 있던 환관.
그에게는 양아들이 있었고,
그 양아들이 아들을 가져
조등의 손자가 되는데,
그 손자가 바로 조조다.

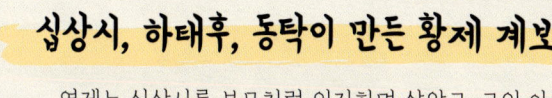

십상시, 하태후, 동탁이 만든 황제 계보

영제는 십상시를 부모처럼 의지하며 살았고, 그의 아들인
유변은 어미 하태후의 힘으로 황제 '소제'가 되었다.
하지만 그 뒤 동탁이 권력을 잡으면서 배다른 동생인
유협이 '헌제'라는 이름으로 즉위하게 된다.

황제를 가로챈

역적.

하나의 뜻으로
뭉친 영웅들.

AD 190 – AD 192

2장
반동탁 연합

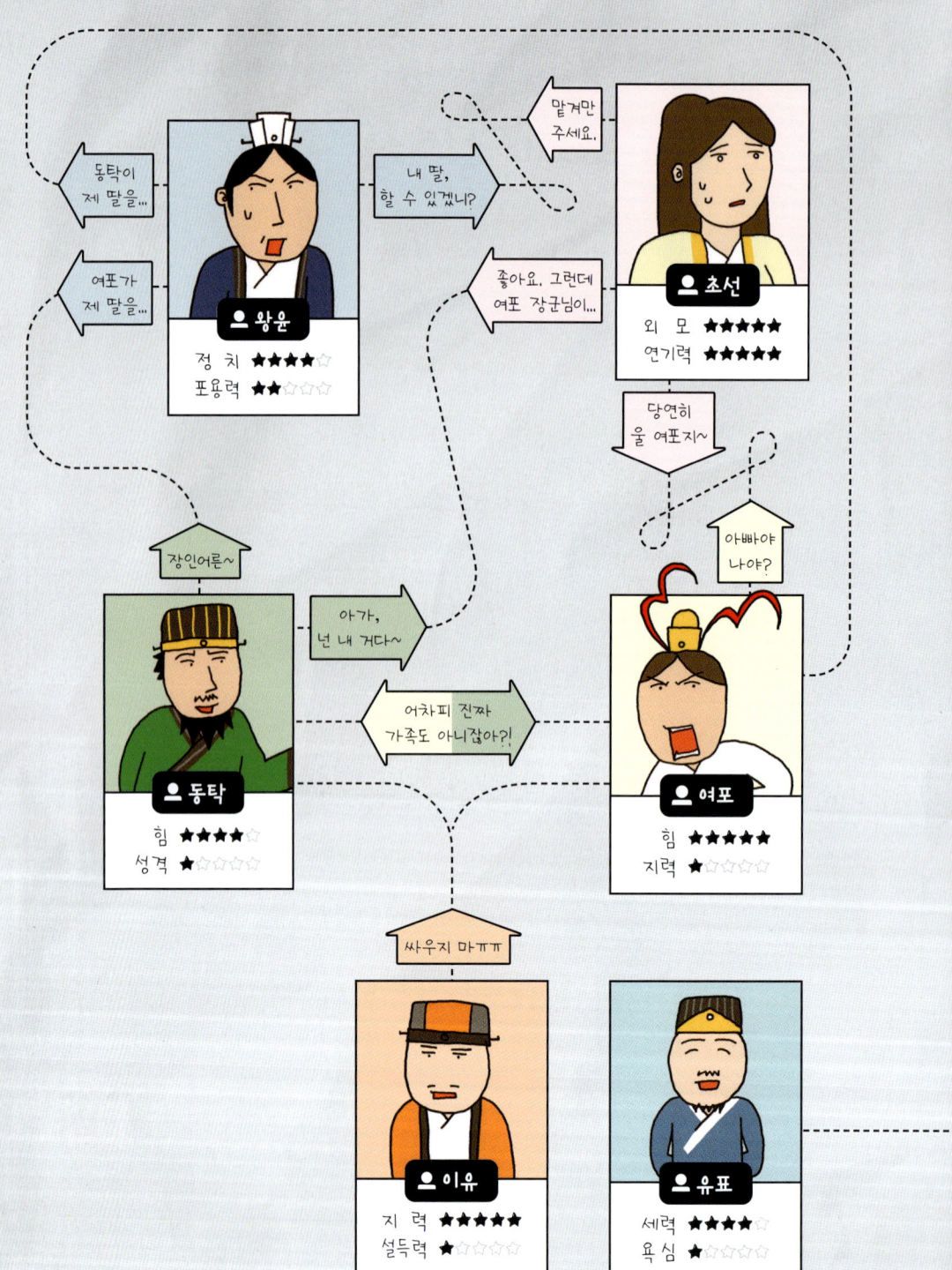

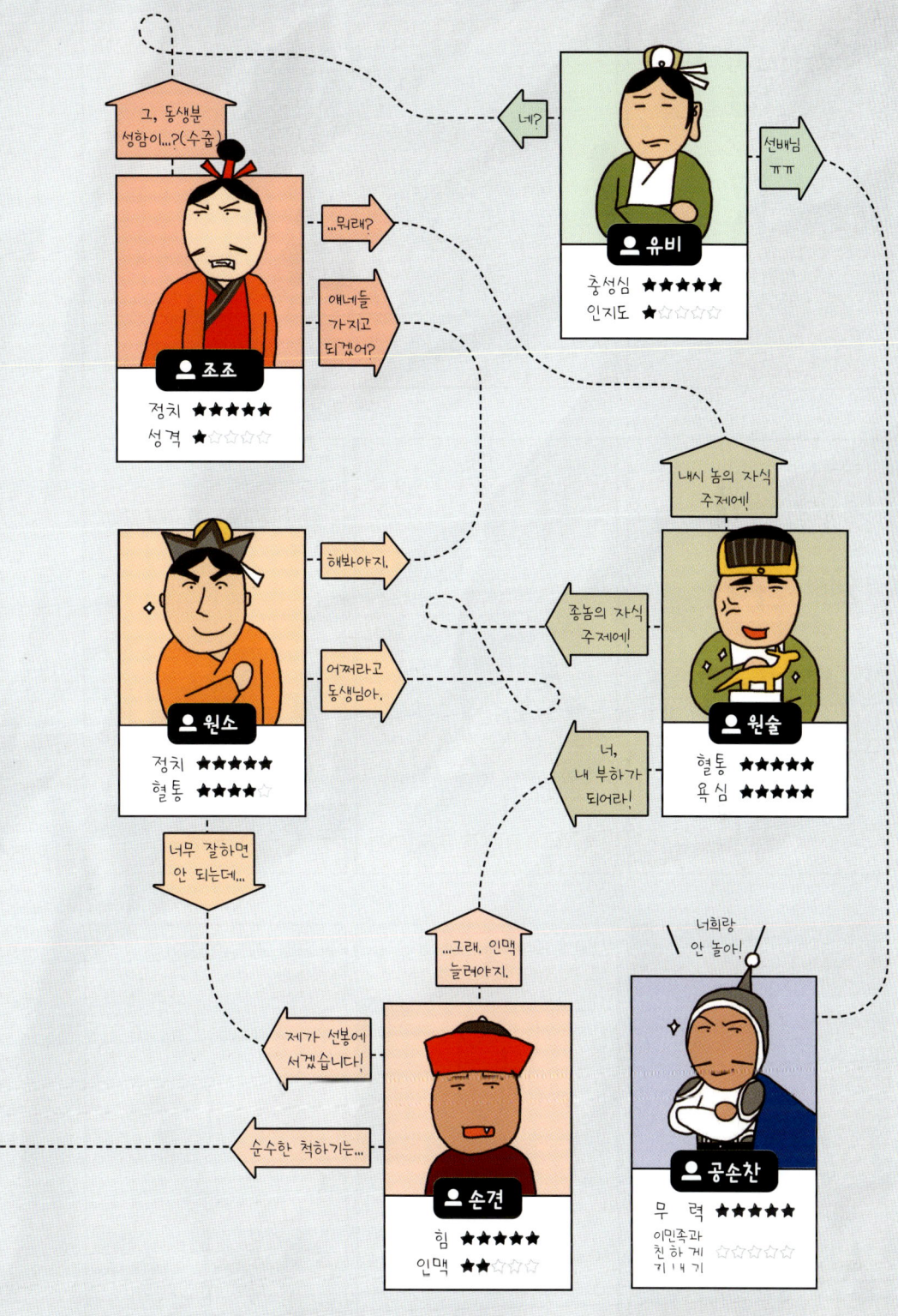

황제를 가로챈 역적. 하나의 뜻으로 뭉친 영웅들.

2장 | **반동탁연합** 황제를 가로챈 역적. 하나의 뜻으로 뭉친 영웅들.

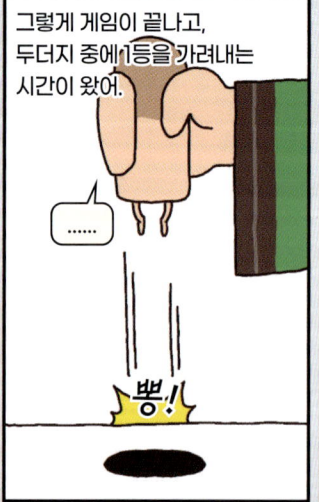

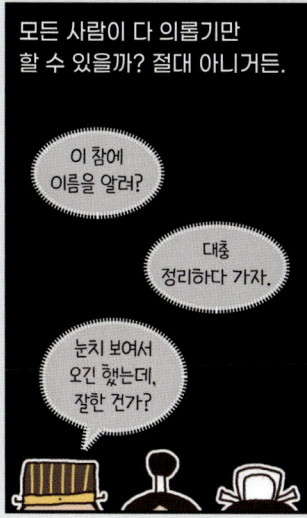

2장 | 반동탁연합 황제를 가로챈 역적. 하나의 뜻으로 뭉친 영웅들.

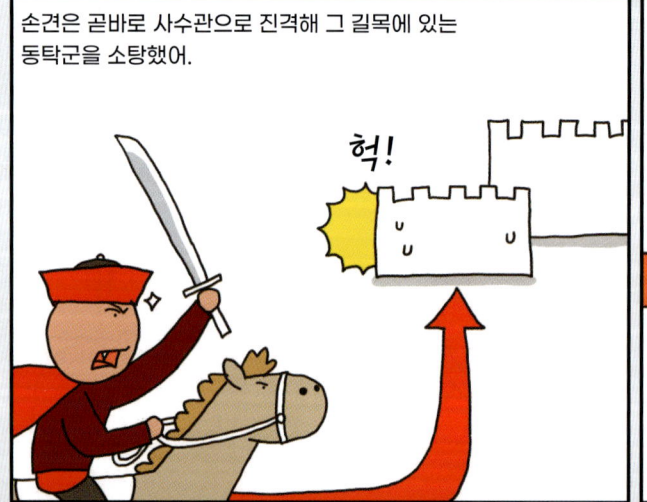

2장 | **반동탁연합** 황제를 가로챈 역적. 하나의 뜻으로 뭉친 영웅들.

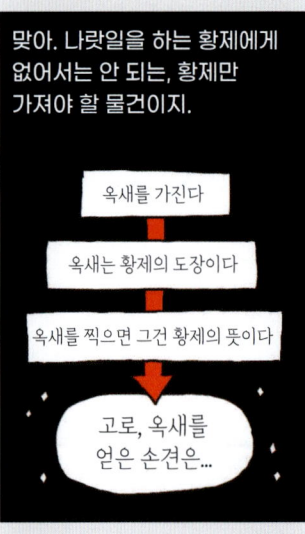

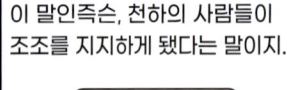

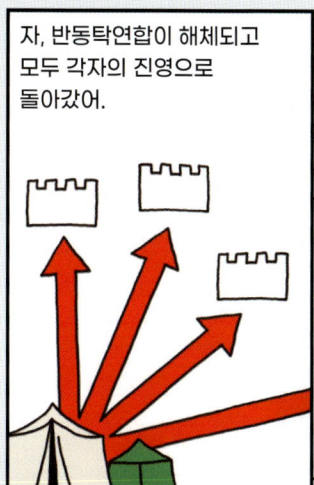

* 얼자 : 양반과 천민 여성 사이에서 낳은 아들

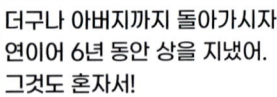

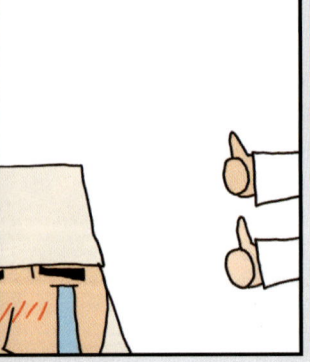

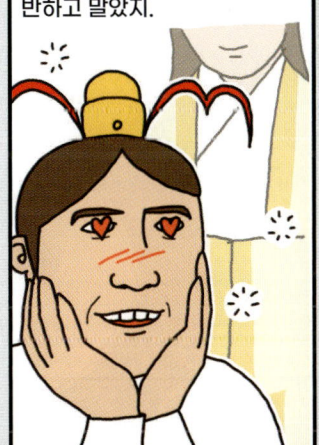

2장 | **반동탁연합** 황제를 가로챈 역적, 하나의 뜻으로 뭉친 영웅들.

알아두면 쓸데있는 삼국지 잡학사전

2장 반동탁연합 황제를 가로챈 역적. 하나의 뜻으로 뭉친 영웅들.

사수관(호뢰관)
화웅이 지키고 있었다는 성문 사수관은 호뢰관(虎牢關)이라는 또 다른 이름이 있었다고 한다.

술이 식기 전에 돌아오겠소!
관우가 화웅을 상대하러 가기 전 했다는 말.

> 일할 땐 술 안 마십니다.
> 절제!

> 뭐야 저 녀석? 멋있잖아?

마궁수 馬弓手
화웅과 상대하러 갈 때 관우의 관직. 말을 탄 채로 활을 쏘는 일반 병사를 의미한다.

이유
동탁의 책사, 장안 천도와 소제를 독살하는 일을 했다. 동탁이 죽은 뒤에도 살아남았다고 한다.

> 전하, 이건 근심을 없애는 약입니다.

짐독
짐새라는 새의 깃털에서 나왔다는 독. 현대에는 이 짐독과 짐새 모두 찾을 수 없게 됐다.

> 한나라의 부흥과 역적 동탁을 토벌하기 위해 이 한 몸...

원술
원소의 배다른 동생으로, 혈통으로 따지면 원소보다 좋았기 때문에 속으론 원소를 인정하지 않았다.

> ...
> 종놈의 자식 주제에...

반동탁연합의 리더
반동탁연합의 리더인 맹주는 사람을 모았던 원소가 맡았다.

영웅은
강한 사람이 아닌,
살아남은
사람이다.

AD 193 – AD 199

3장
군웅할거

인물관계도 AD 193 – AD 199

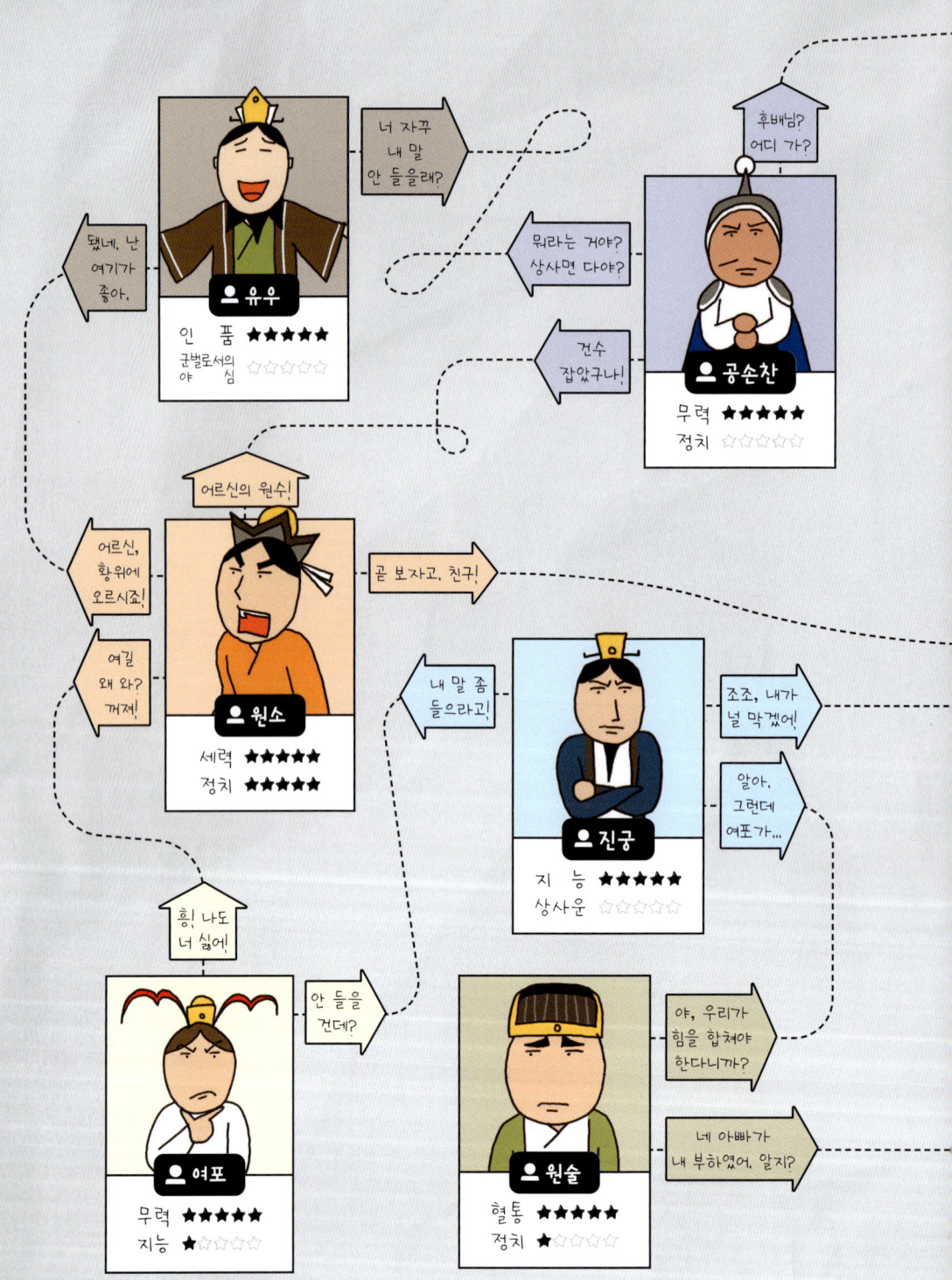

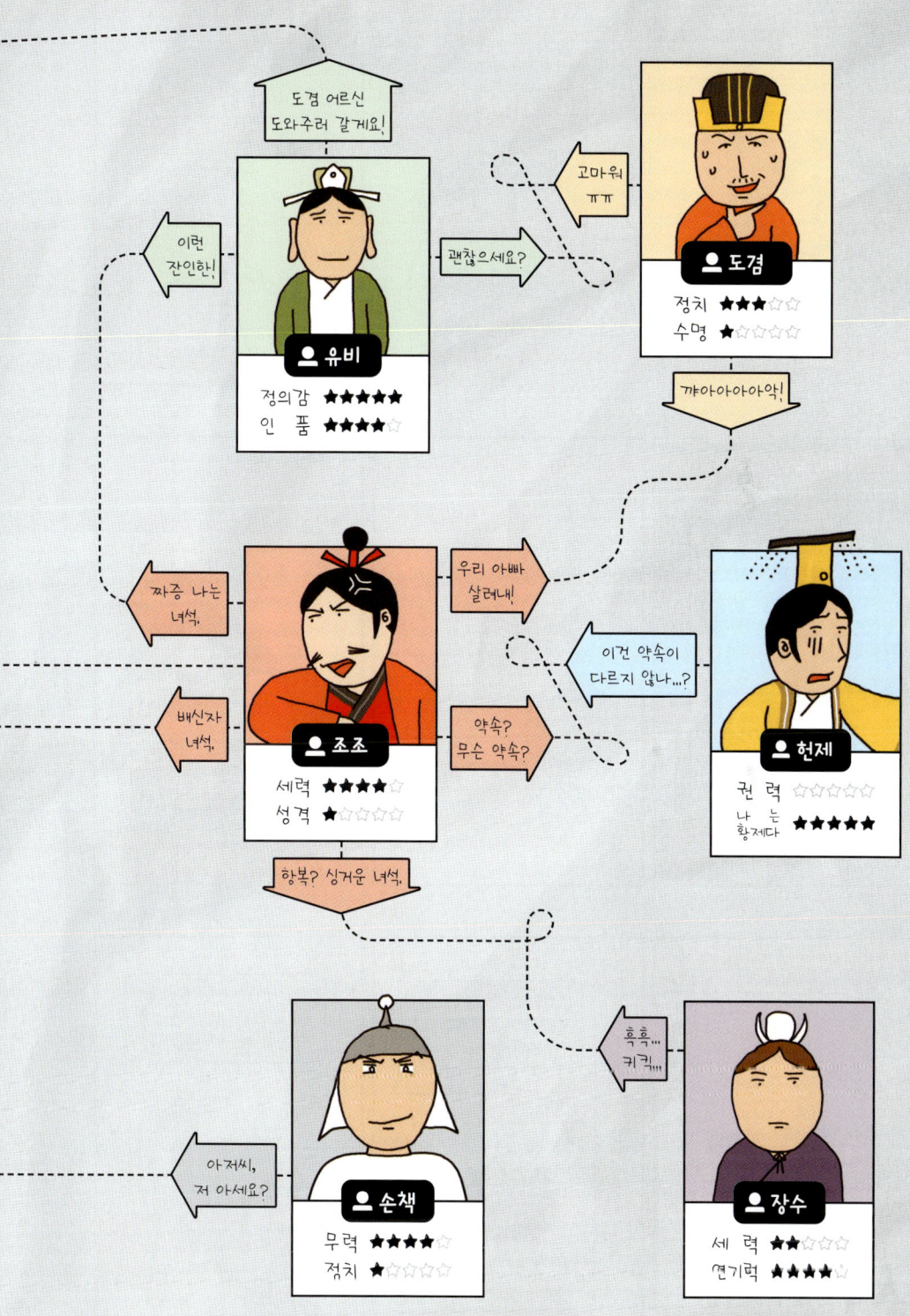

영웅은 강한 사람이 아닌, 살아남은 사람이다.

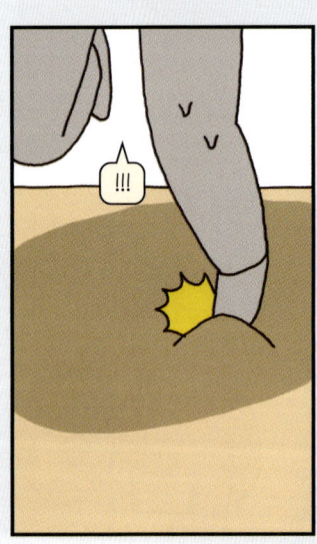

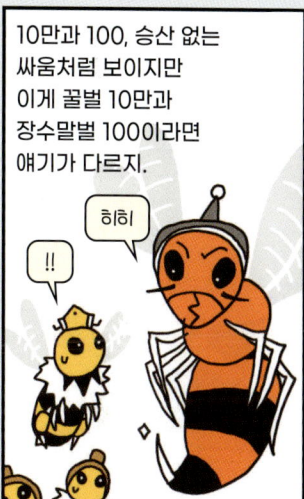

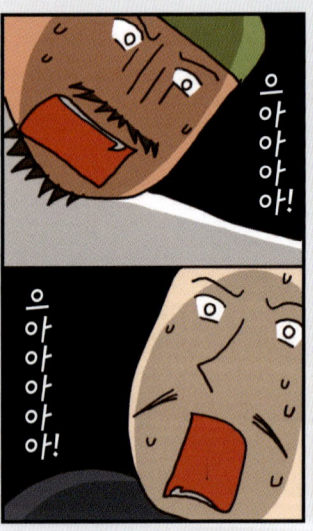

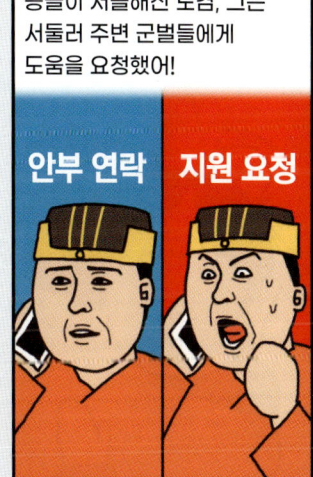

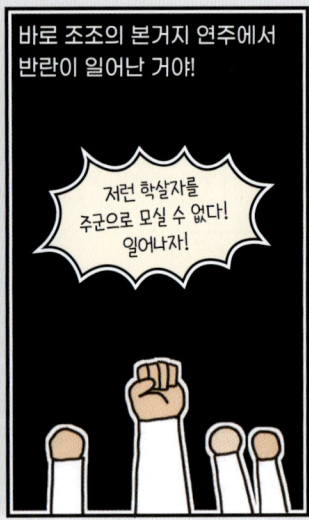

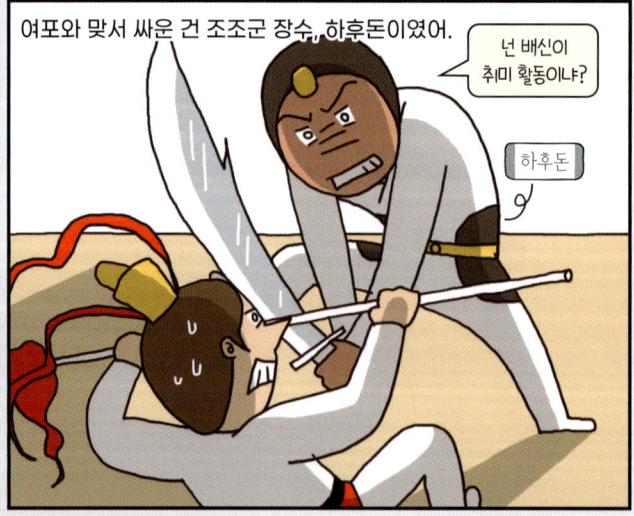

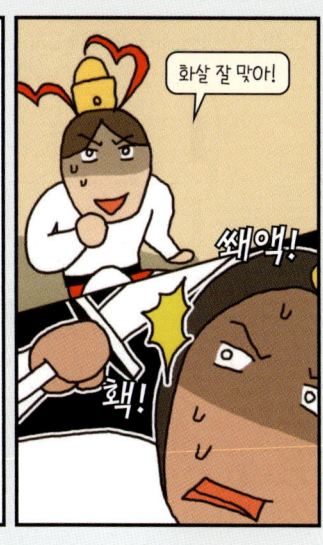

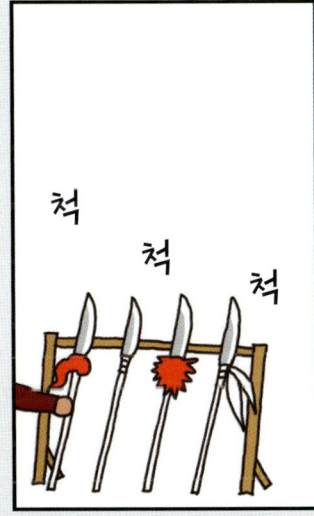

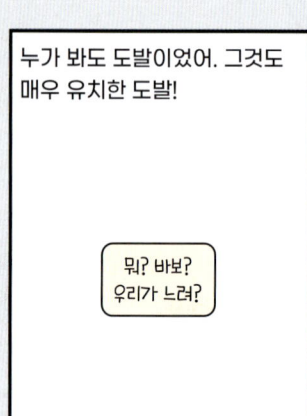

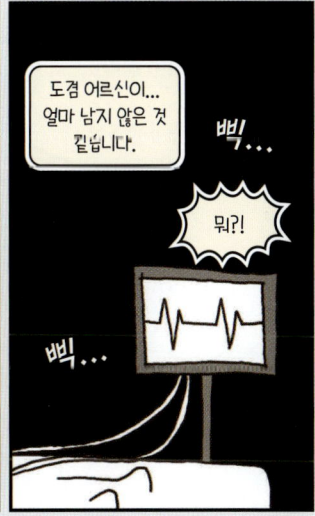

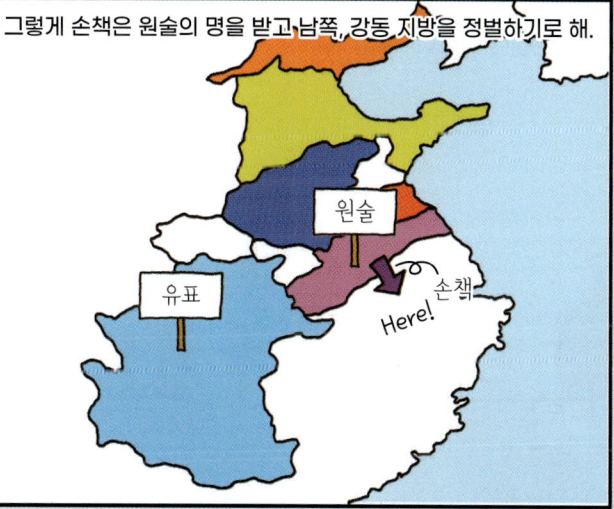

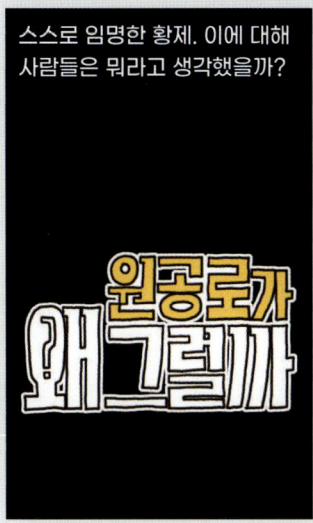

* 원공로 : 원술의 또 다른 이름

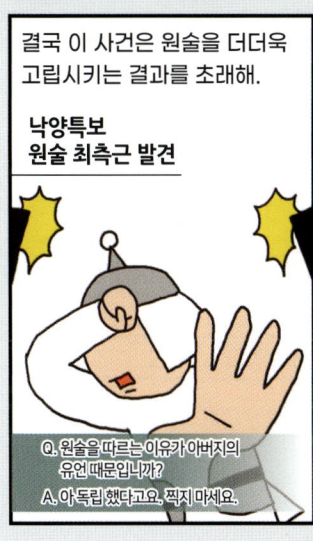

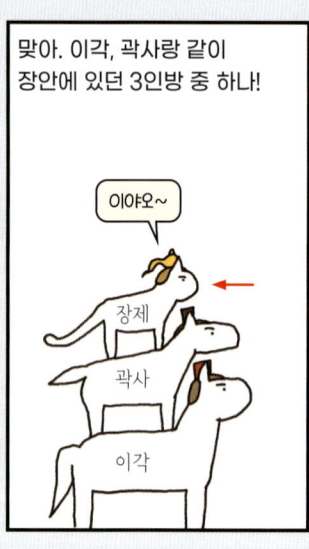

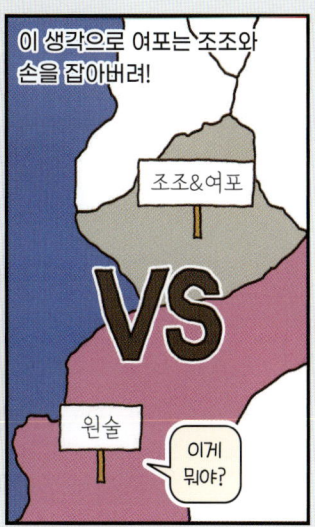

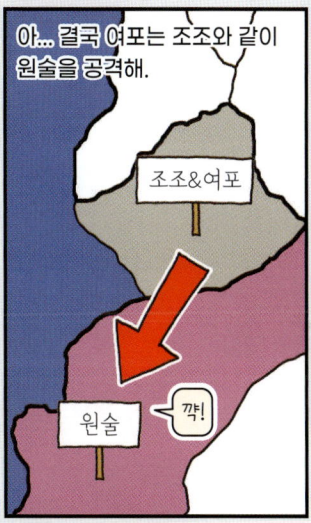

3장 | 군웅할거 영웅은 강한 사람이 아닌, 살아남은 사람이다.

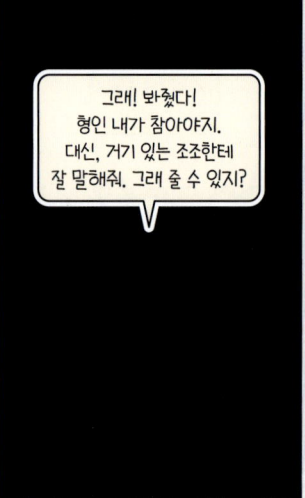

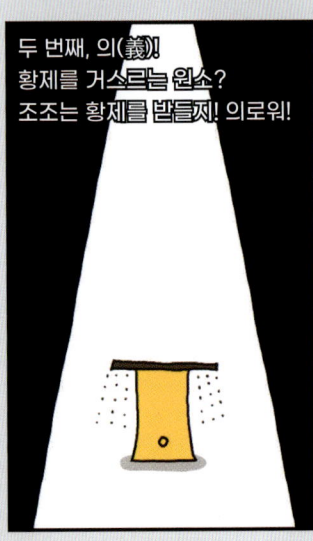

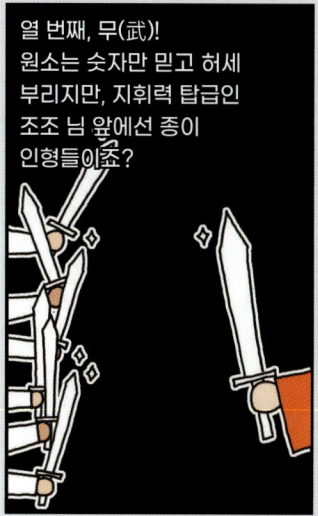

* 아만 : 조조의 다른 이름.

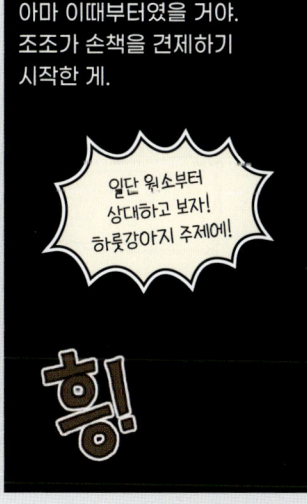

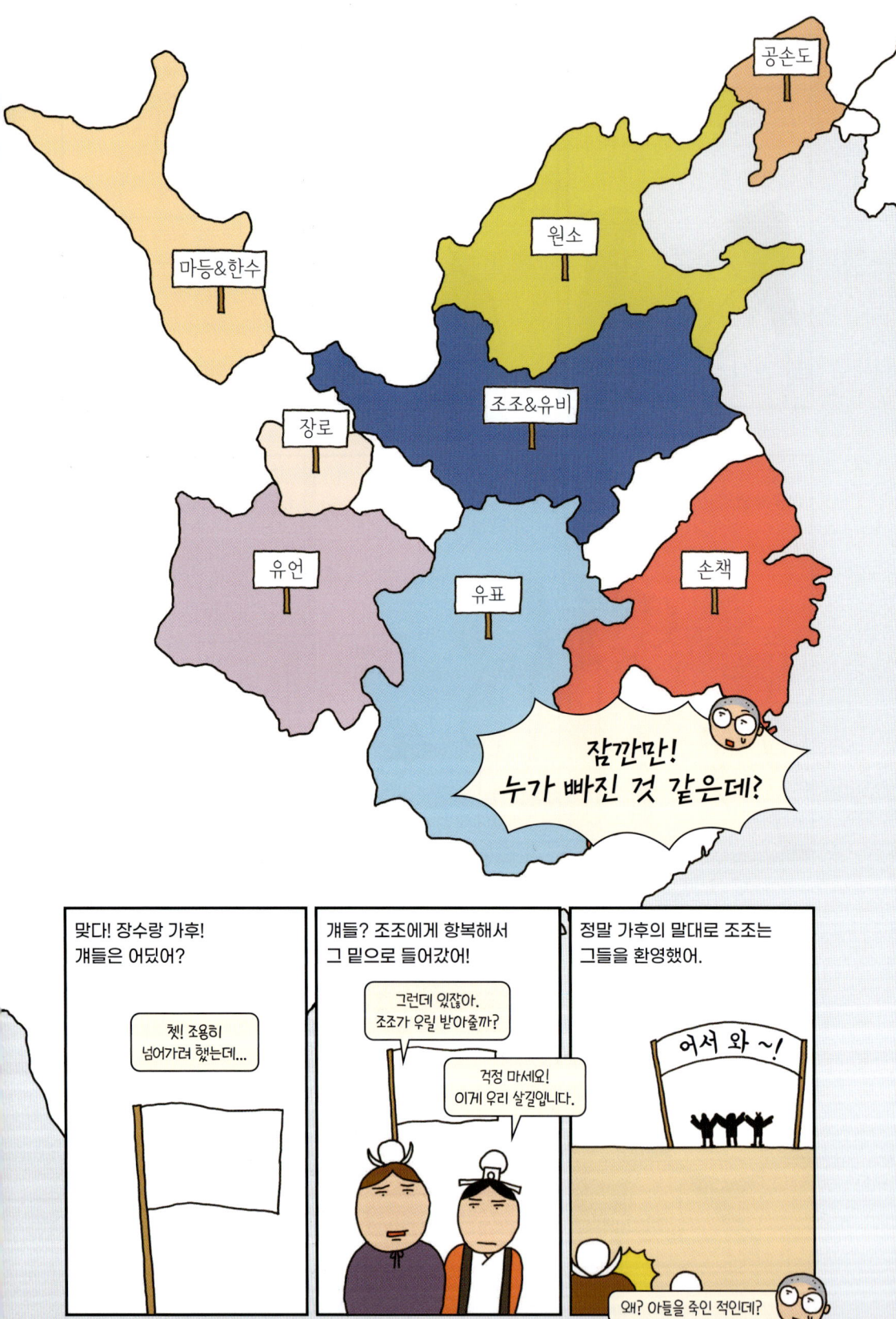

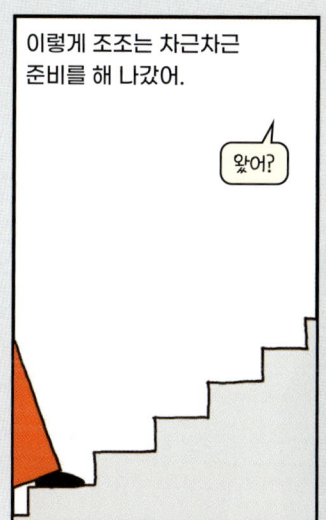

알아두면 쓸데있는 삼국지 잡학사전

3장 군웅할거 영웅은 강한 사람이 아닌, 살아남은 사람이다.

북방의 귀신
공손찬의 별명. 북방 지역을 무력으로 평정해서 붙여진 별명이다.

...좋아, 도겸이 도와주고 와.

허락해주셔서 감사합니다.

유비는 왜 공손찬군에 있었을까?
공손찬과 유비는 같은 스승을 둔 사이다. 반동탁연합이 해체되고, 갈 곳이 없어진 유비를 공손찬이 거두어준 것.

아닙니다. 저 진궁이 있지 않습니까?

이거 참, 나도 저 동생들처럼 독해졌어야 했는데...

진궁의 영향력
조조가 연주를 근거지로 삼을 수 있었던 것도 진궁이 연주 사람이었기 때문에 가능했다.

장막
조조, 원소의 친구. 사람이 좋아서 한때 원소도 그를 친형처럼 따랐다.

따라 죽지 마!

너나 따라 죽지 마!

장제
장수의 삼촌이자 이각, 곽사와 함께 권력을 가졌던 장수. 헌제를 놓친 후 도적질을 하다 죽었다.

이각, 곽사의 최후
헌제를 놓친 후, 근처를 도적질하다 조조군에 의해 죽었다.

그래도 난 이쁜 마누라 두고 죽었다시!

주유 손책의 친구이자 전략가. 명문가 출신 자제로 외모, 성격, 무예, 전술 등 능력이 대단한 인물이다. 특히 외모가 뛰어나서 미주랑(美周郞:아름다운 주 씨 젊은이)이라는 별명이 있었다.

조조와 정부인 정부인은 조앙의 친모가 아니었지만, 조앙의 죽음으로 조조에게 크게 실망하여 조조를 다신 만나지 않았다. 조조도 이때의 일을 후회했다고 한다.

하후돈의 콤플렉스 여포를 상대하다 왼눈을 다친 하후돈. 이건 하후돈 인생 최대의 콤플렉스였다고 한다.

여포를 무녀뜨린 강물 여포가 성 밖으로 나오지 않자, 순유는 근처 강물을 이용해 성을 물에 잠기게 했다. 결국 여포의 부하들이 여포를 붙잡아 조조에게 항복했다.

역경루 공손찬이 만든 요새. 원소군이 땅굴을 통해 성벽을 무너뜨리고 나서야 함락할 수 있었다 (4년이니 땅을 판 원소도 대단...)

오랜 친구에서 힘을 겨루는 라이벌로.

AD 199 – AD 207

4장
관도대전

인물관계도 AD 199 - AD 207

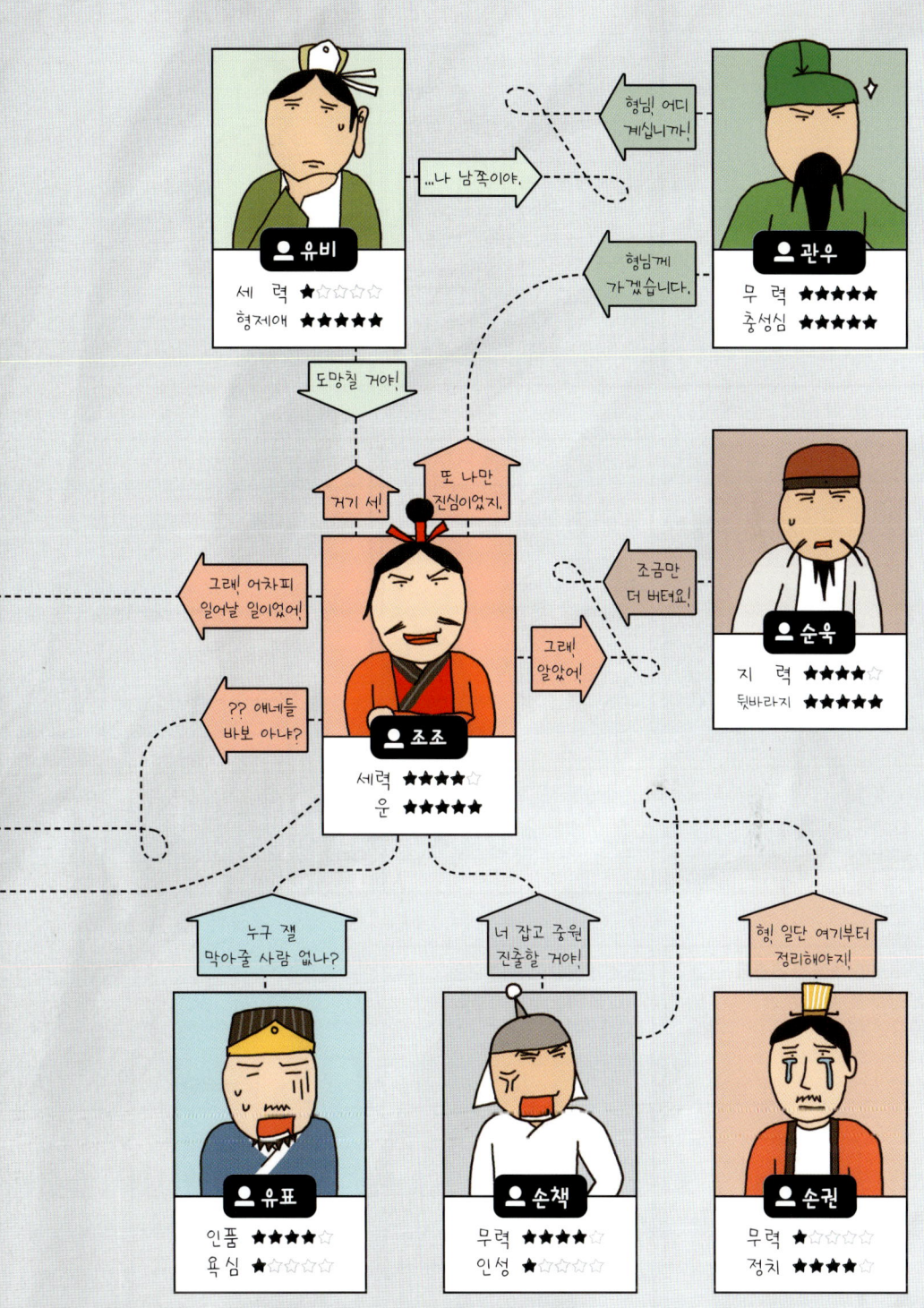

오랜 친구에서 힘을 겨루는 라이벌로.

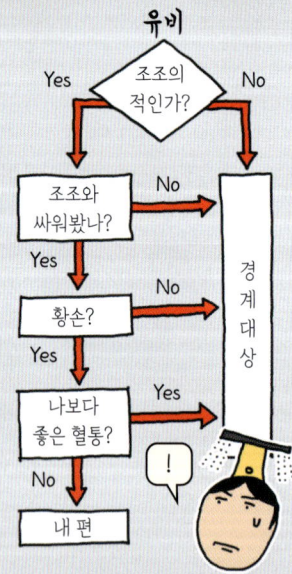

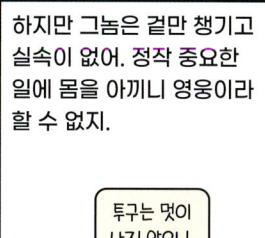

4장 | 관도대전 오랜 친구에서 힘을 겨루는 라이벌로.

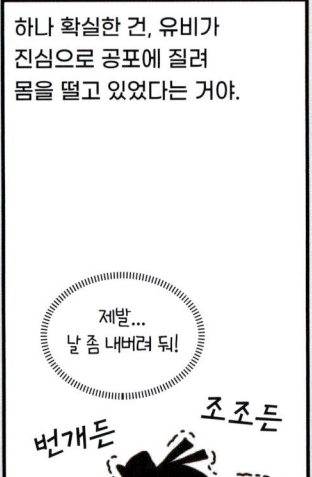

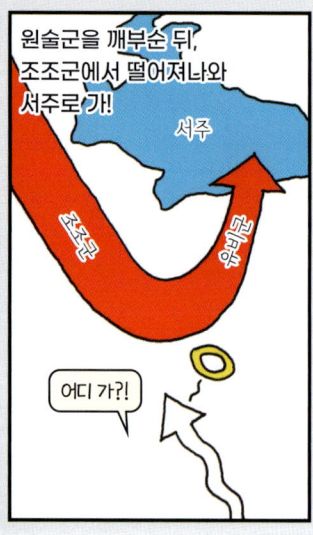

4장 | 관도대전 오랜 친구에서 힘을 겨루는 라이벌로.

* 장료: 구 여포 장수, 현 조조 장수

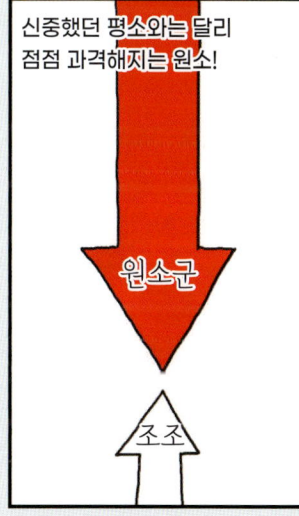

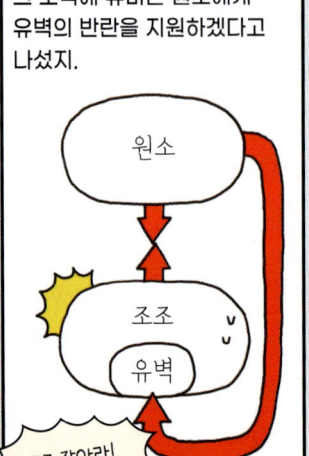

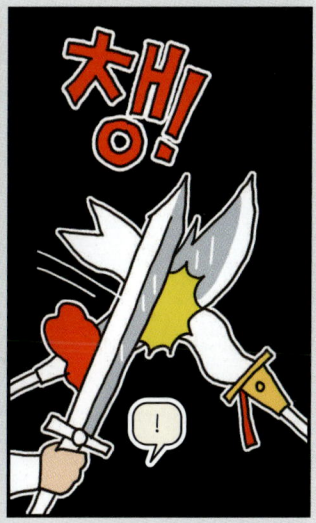

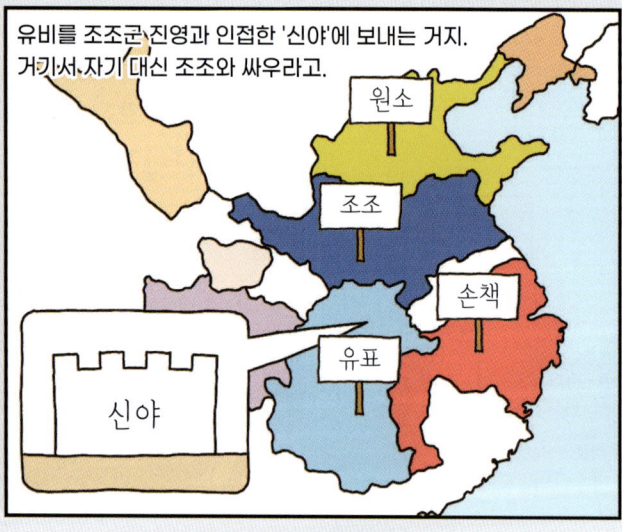

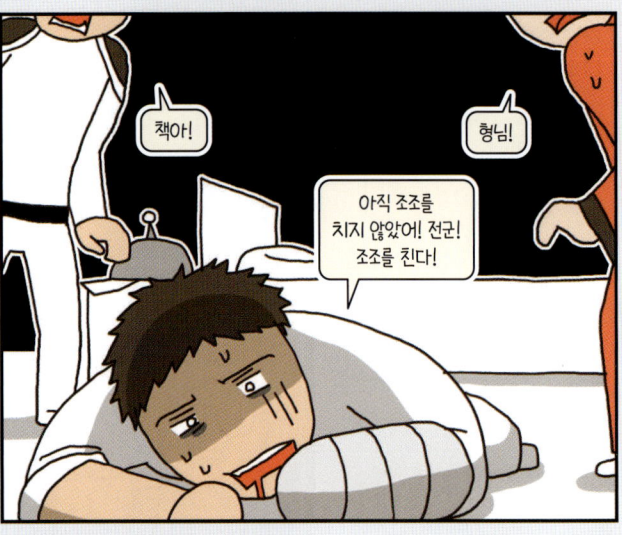

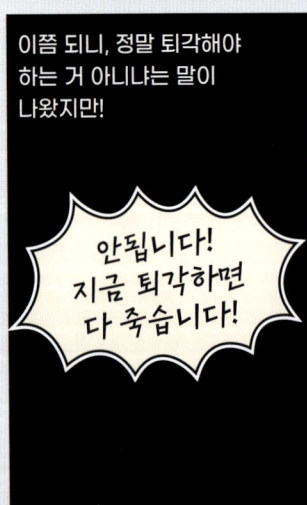

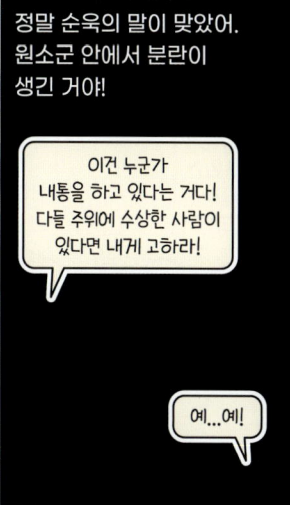

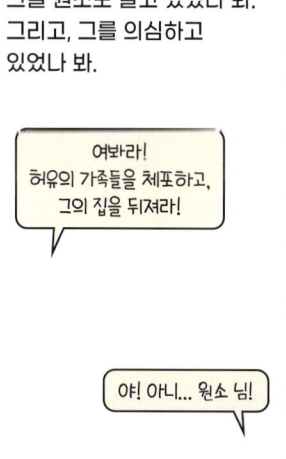

4장 | 관도대전 오랜 친구에서 힘을 겨루는 라이벌로.

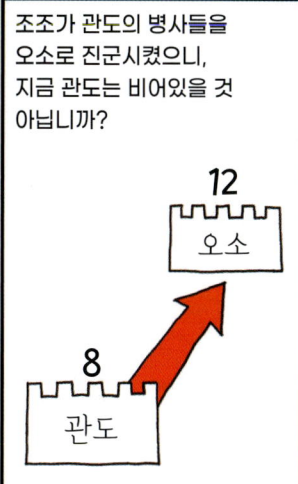

4장 | **관도대전** 오랜 친구에서 힘을 겨루는 라이벌로.

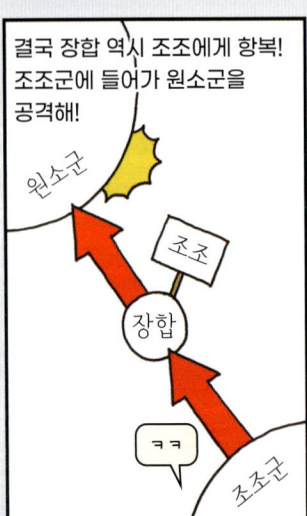

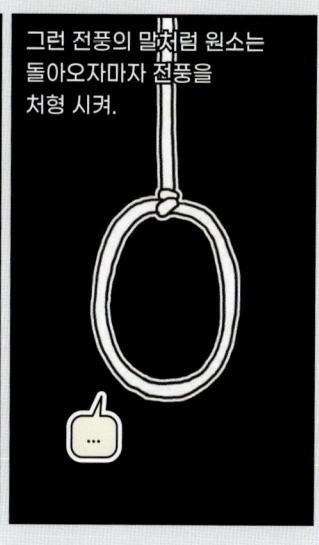

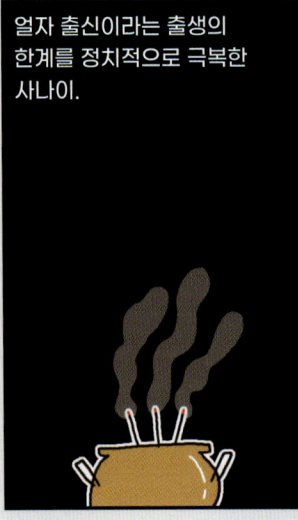

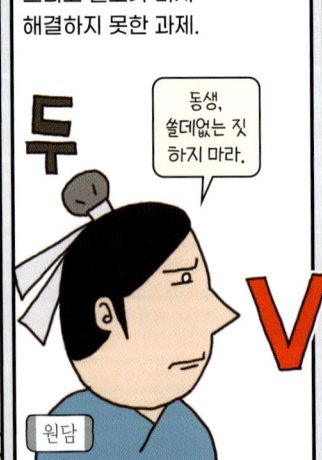

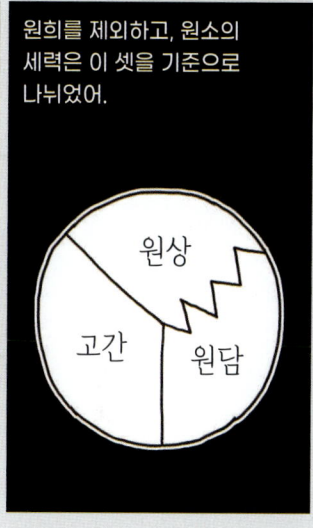

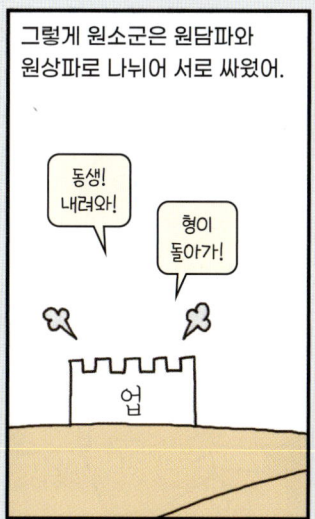

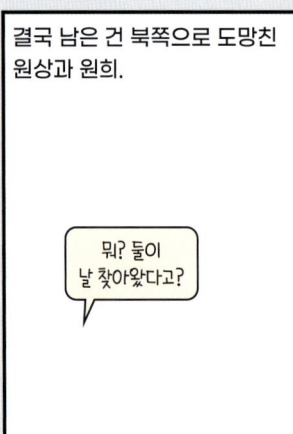

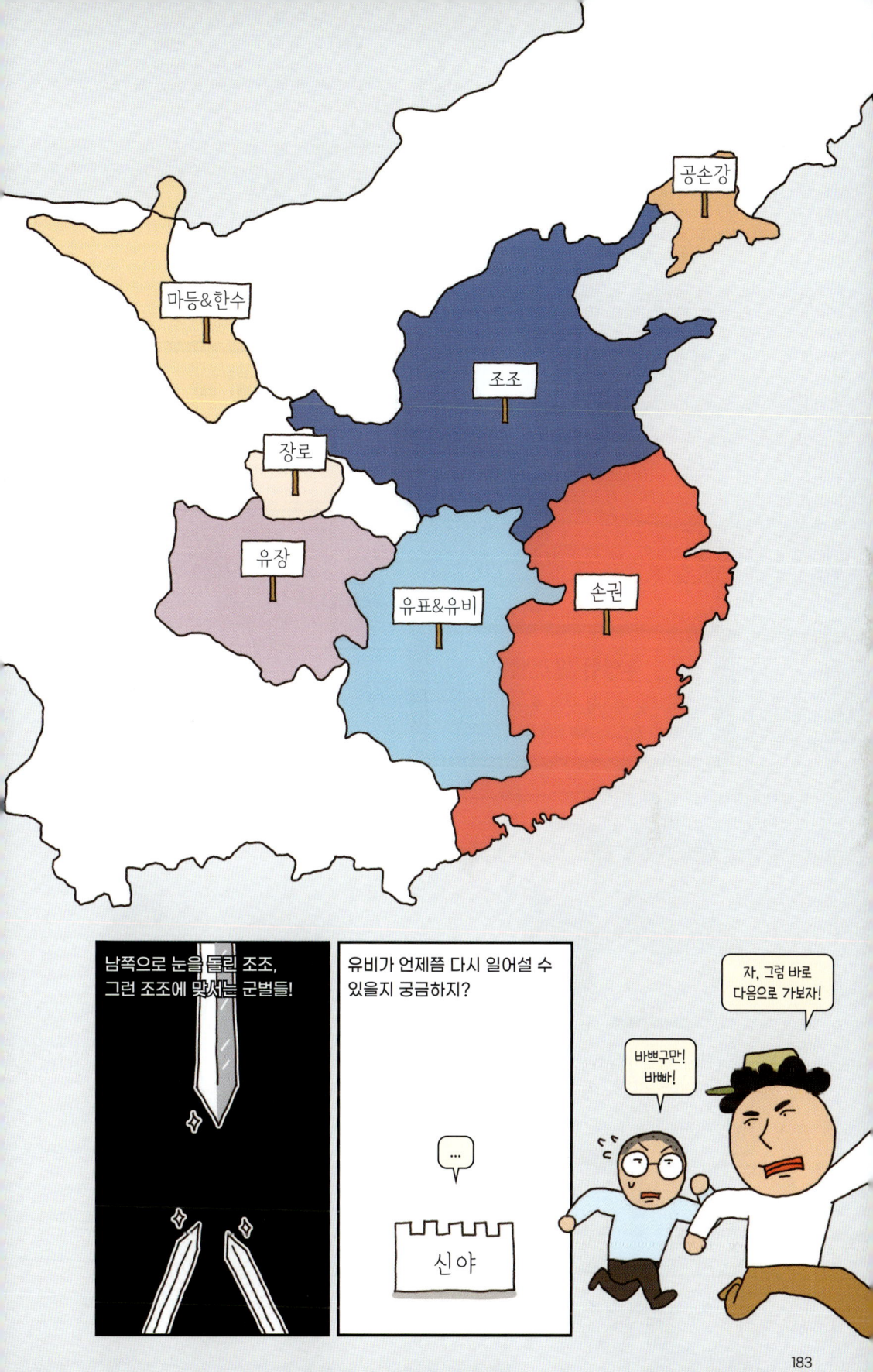

알아두면 쓸데있는 삼국지 잡학사전

4장 관도대전 오랜 친구에서 힘을 겨루는 라이벌로.

논영회 vs 홍문연

라이벌이 만나 긴장감 속에 술자리를 가지는 이야기로 항우와 유방, 조조와 유비 두 영웅의 대립이라는 공통점이 있다.

홍문연 鴻門宴
초한지 시절. 항우와 유방의 장수들이 잔치 중 칼춤을 춘 사건. 유방 쪽 장수 번쾌가 나타나서야 칼춤은 멈추게 됐다.

논영회 論英會
직역하면 영웅에 관해 얘기하는 자리. 유비와 조조의 술자리를 가리키는 말.

안량, 문추
원소군의 에이스 무장들. 분명 강한 건 맞지만 병사 통솔력은 낮은 것으로 평가된다. 그 외 다른 전투기록은 없다.

"우리 군에 가장 큰 전력이지."

"기다려봐. 조조군에 다신 없을 장수가 돼줄 테니까."

장료
前 여포군 장수. 現 조조군 장수. 관우의 간청으로 목숨을 부지할 수 있었다. 이후 조조군 장수로 활약했다.

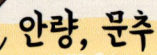

삼고초려 三顧草廬

직역하면 초가집을 세 번 찾아간다는 뜻. 유비가 제갈량을 만나기 위해 그의 거처를 세 번 찾아갔던 걸 말하는 것으로, 인재를 맞아들이기 위하여 참을성 있게 마음을 쓴다는 말이다.

조조의 관우 사랑(?)

관우가 조조군에 들어올 당시, 조조는 3일마다 작은 연회를, 5일마다 큰 연회를 열어 관우를 환영했다. 하지만 관우는 연회에 참가하지 않았다. 관우가 조조에게 받은 건 오직 적토마 뿐.

> 순욱: …
> 관우를 좋아하지만, 가지고 싶은 건 아닙니다!

조운

유비가 공손찬군에 있을 때 알게 된 장수. 이후 원소가 공손찬 세력을 먹고 유비도 원소군에 오면서 다시 만날 수 있었다.

> 넌 유표한테 가냐?
> 응, 의심이 많은 양반이니까, 확실하게 달래줘야지.

간옹, 손건

유비군의 외교를 담당했던 자들. 전투에 참여하진 않았지만, 이늘이 없었다면 유비는 세력을 만들기도 전에 죽었을 것이다.

물 위에서
벌어진
붉은 전쟁.

AD 207 - AD 210

5장
적벽대전

인물관계도 AD 207 - AD 210

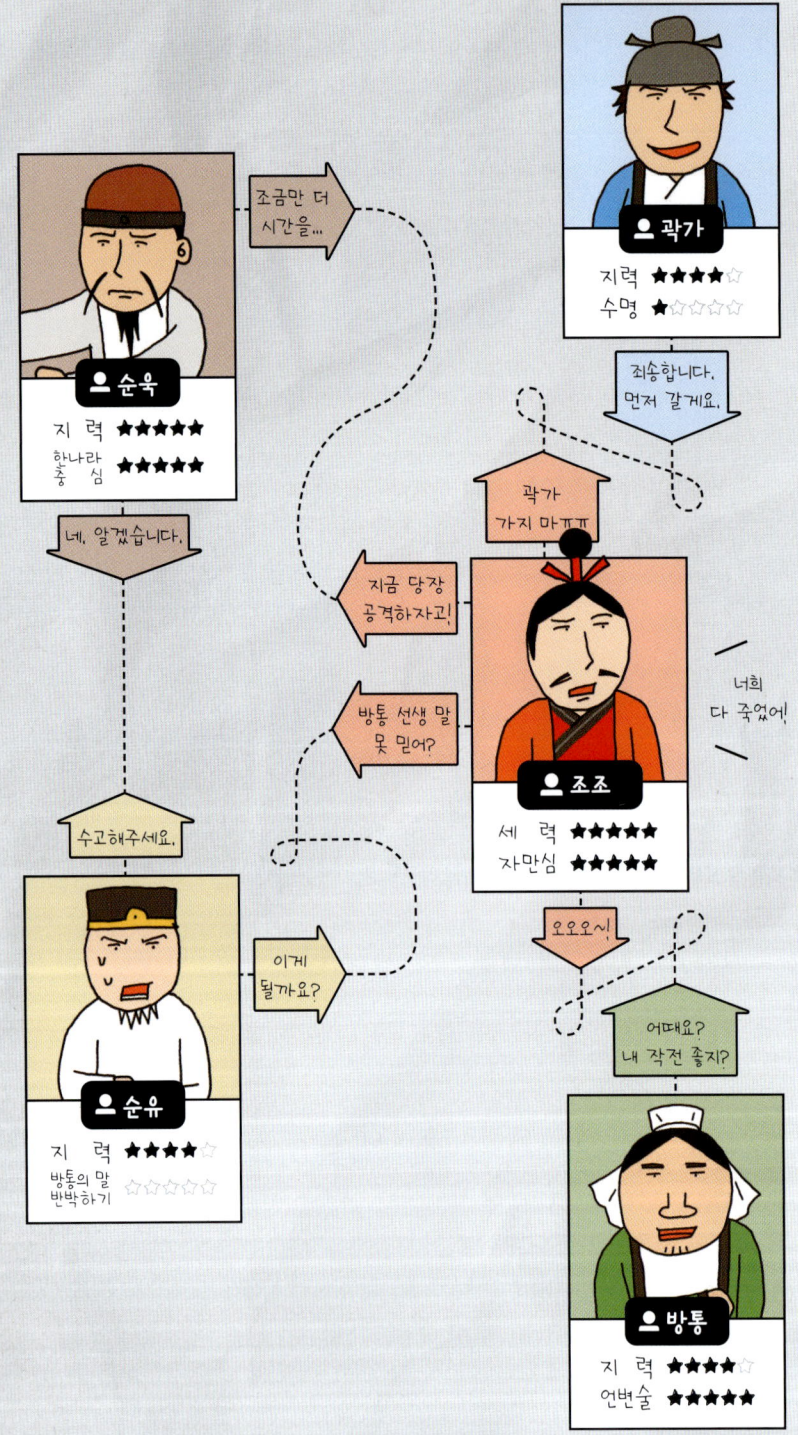

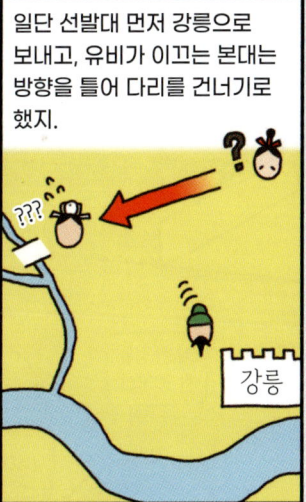

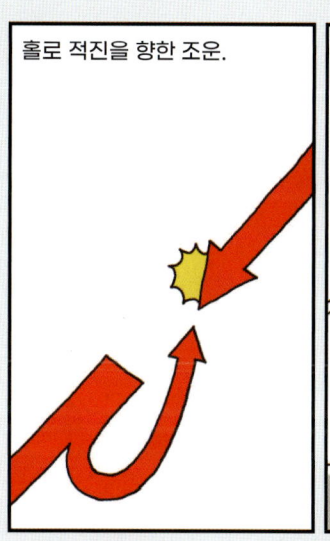

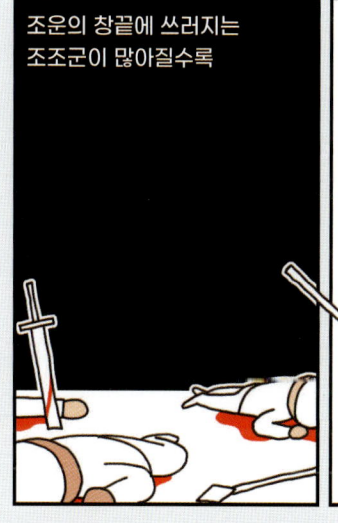

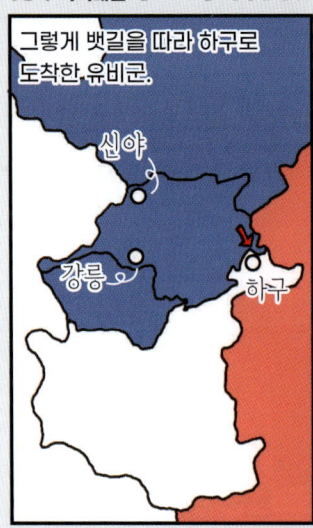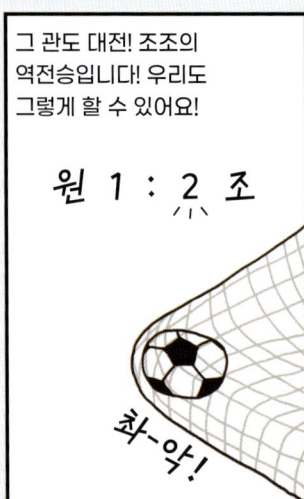

* 재상 : 군주의 국정을 통괄하는 최고 책임자. 조선 시대에는 '영의정'으로 불린 직위.

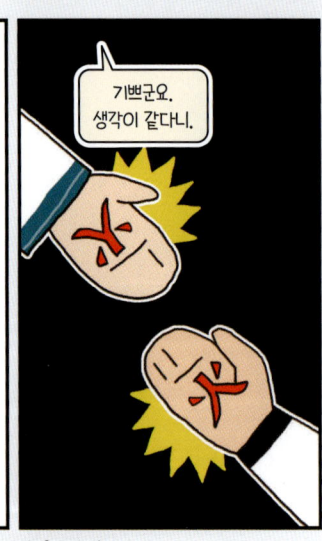

*火 : 불화

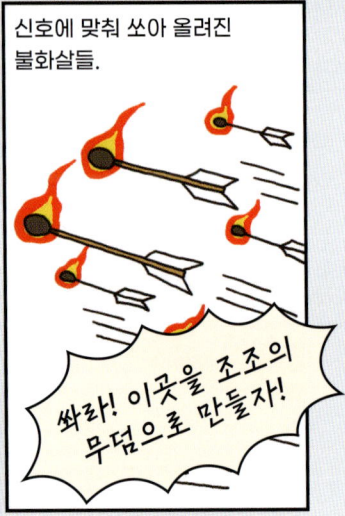

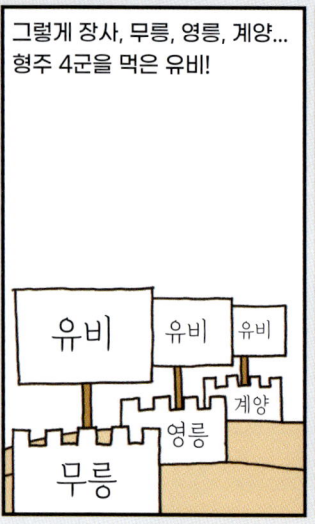

5장 | **적벽대전** 물 위에서 벌어진 붉은 전쟁.

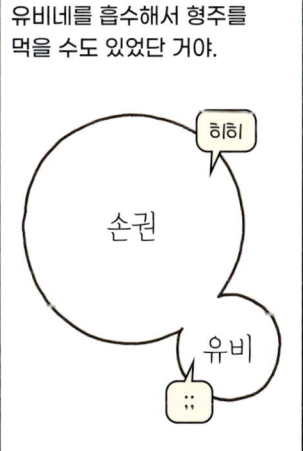

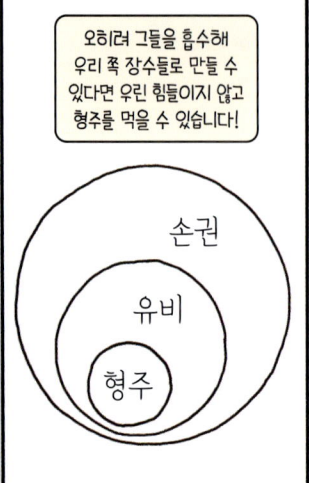

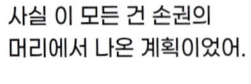

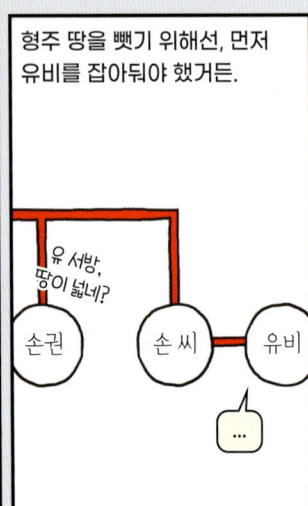

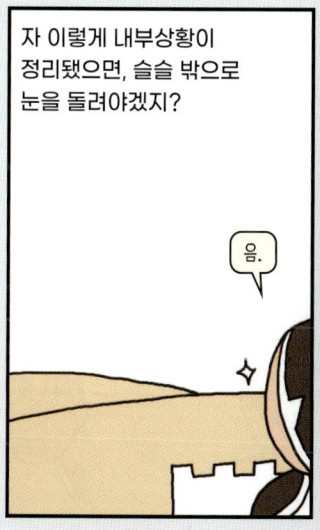

5장 | **적벽대전** 물 위에서 벌어진 붉은 전쟁.

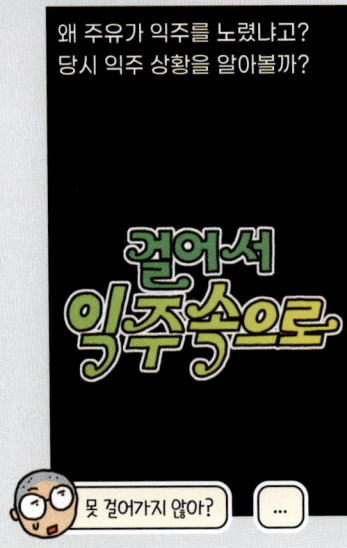

왜 주유가 익주를 노렸냐고? 당시 익주 상황을 알아볼까?

걸어서 익주속으로

못 걸어가지 않아? ...

원래 익주는 유언의 아들, 유장이 다스리는 지역이었어.

흠, 아빠는 왜 저런 녀석을 좋아한 거야?

유장

그리고 그 위 '한중'이란 성은 장로라는 자가 다스리고 있었지.

유장이 여기를 노린다니...

그 땅은 유언이 살았을 적 장로에게 준 것으로, 장로는 그런 유언을 따르던 사람이었어.

이 기회에 내 '오두미교'를 더 넓게 퍼뜨려야겠어.

오두미교? 그건 또 뭐야?

장로를 중심으로 만들어진 종교야. 사이비지 뭐.

그게 유장은 싫었어. 장로는 유언을 따랐던 거지. 자신을 따르지는 않았거든.

솔직히 저긴 울 아빠 거였잖아. 그럼 이제 내 거 아냐?

그러니 둘 사이에선 전투가 일어났고, 그걸 손권군의 주유가 유심히 지켜보고 있었던 거야.

장로
유장
손권
...

그래서 주유는 손권에게 가서 익주 정벌을 제안했어.

조조는 지금 적벽에서 패한 것 때문에 정신이 없으니, 지금이 기회입니다!

어...

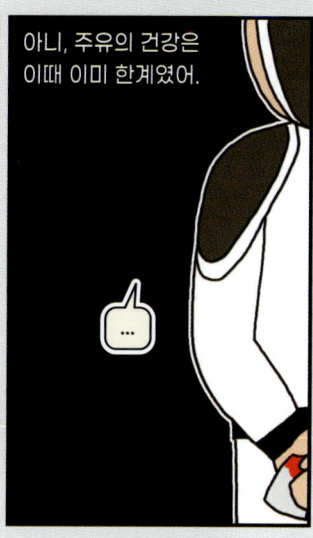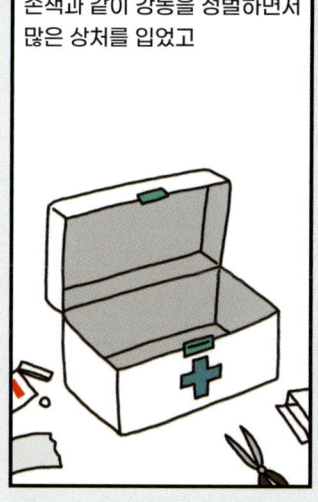

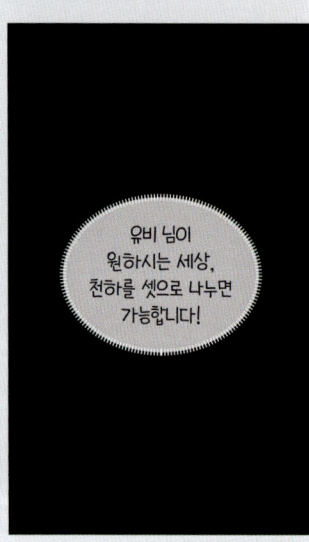

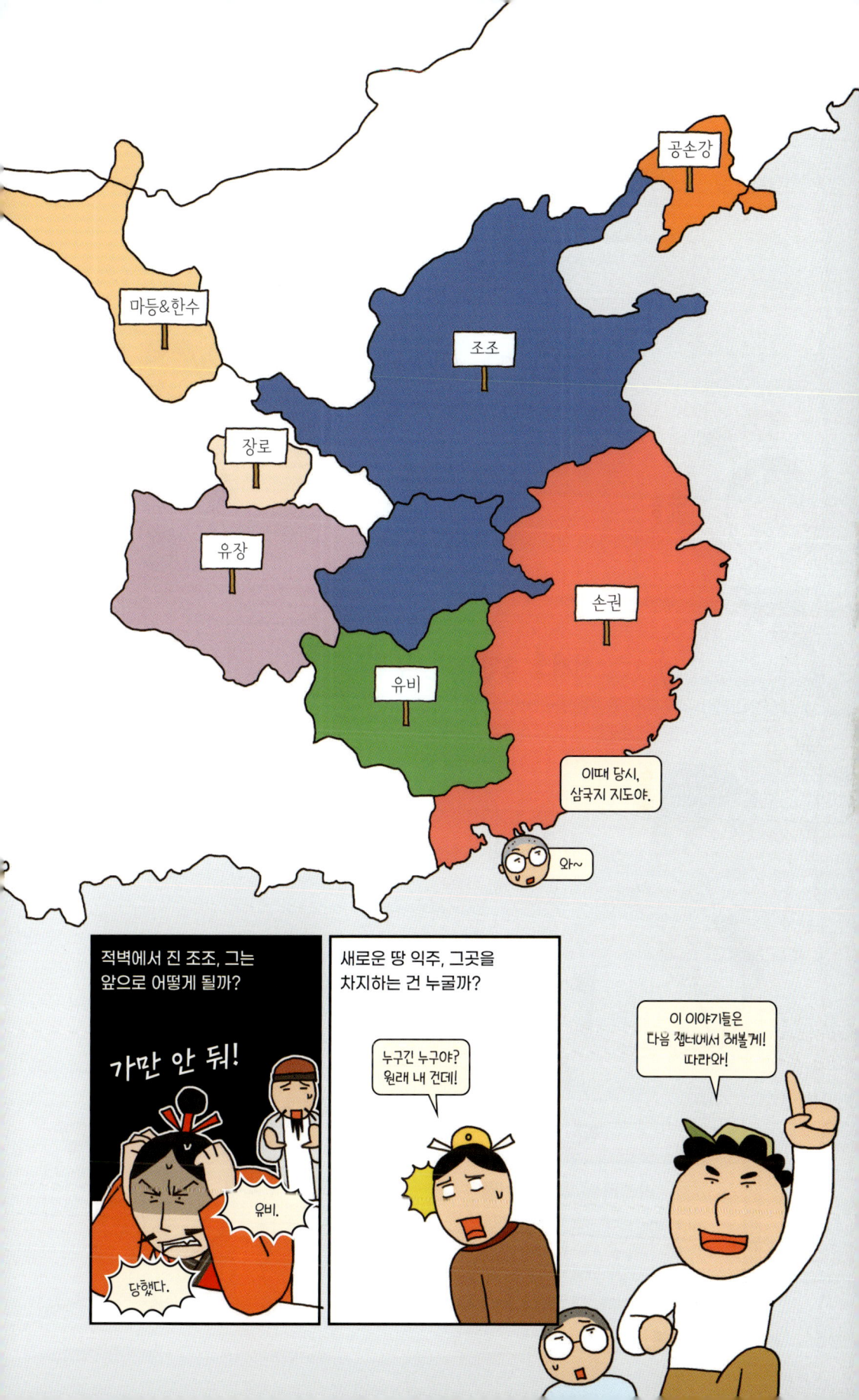

알아두면 쓸데있는
삼국지 잡학사전

5장 적벽대전 물 위에서 벌어진 붉은 전쟁.

유표는 착하다?

다른 군벌들처럼 침략하진 않았지만, 자기 영토 안에선 황제처럼 다녔다고 한다. 한나라로선 유표도 역적이었다.

유종

조조에게 항복 후 나름 잘 살았던 것 같다. 하지만 원담, 원상과 함께 후계자 선정의 나쁜 예로 기억된다.

서서를 속인 자는 누구?

서서를 속인 사람은 바로 정욱이란 조조군 책사다. 이후 서서는 조조군에 들어갔지만, 거기서도 뜻을 펼치지 못하고 죽었다.

반골의 상

위연은 목 뒤의 뼈가 툭 튀어나와 있었다. 이걸 '반골의 상'이라 여겨 제갈량은 그의 반역을 예견했다고 한다.

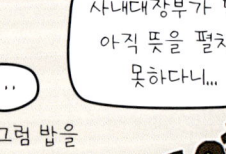

비육지탄 髀肉之嘆

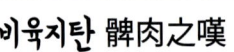

유비가 자신의 허벅지 살을 보며 탄식했다는 일화에서 나온 말. 허송세월하는 자신의 처지를 안타까워한다는 뜻.

화용도 華容道 조조가 적벽대전에서 패배하고 퇴각할 때 썼던 길. 사실 관우는 조조군에 있었다는 이유로 작전에서 제외되어 있었다. 이에 관우는 제갈량에게 목숨을 담보로 작전에 참여할 것을 청했고, 그렇게 화용도 마지막 길목에 매복을 할 수 있었다.

사람은 밥심!

오두미교 五斗米敎 태평도와 같은 도교의 일종. 여기에 입단하려면 쌀 다섯 두(약 40kg)를 냈기 때문에 붙여진 이름이다.

감부인 유비의 아내. 죽고 난 뒤에야 소열황후로 불리게 된다.

손부인 유비의 새 아내이자 손권의 여동생. 손상향이라는 이름으로 유명하고, 집안 내력으로 장사 기질이 있었다고 한다.

미부인 유비의 아내이자 미축의 여동생. 조운에게 아두를 부탁하고 스스로 자결한다.

기생유 하생량 旣生瑜 何生亮 주유가 죽기 전 내뱉은 말. 주유가 제갈량을 얼마나 의식했는지 알 수 있다.

제길랑, 재링 동시대 사람인 긴 인간적으로 너무했잖아~!

북은 조조, 동은 손권, 그럼 남은 건 서쪽!

AD 211 – AD 220

6장
천하 삼분지계

인물관계도 AD 211 - AD 220

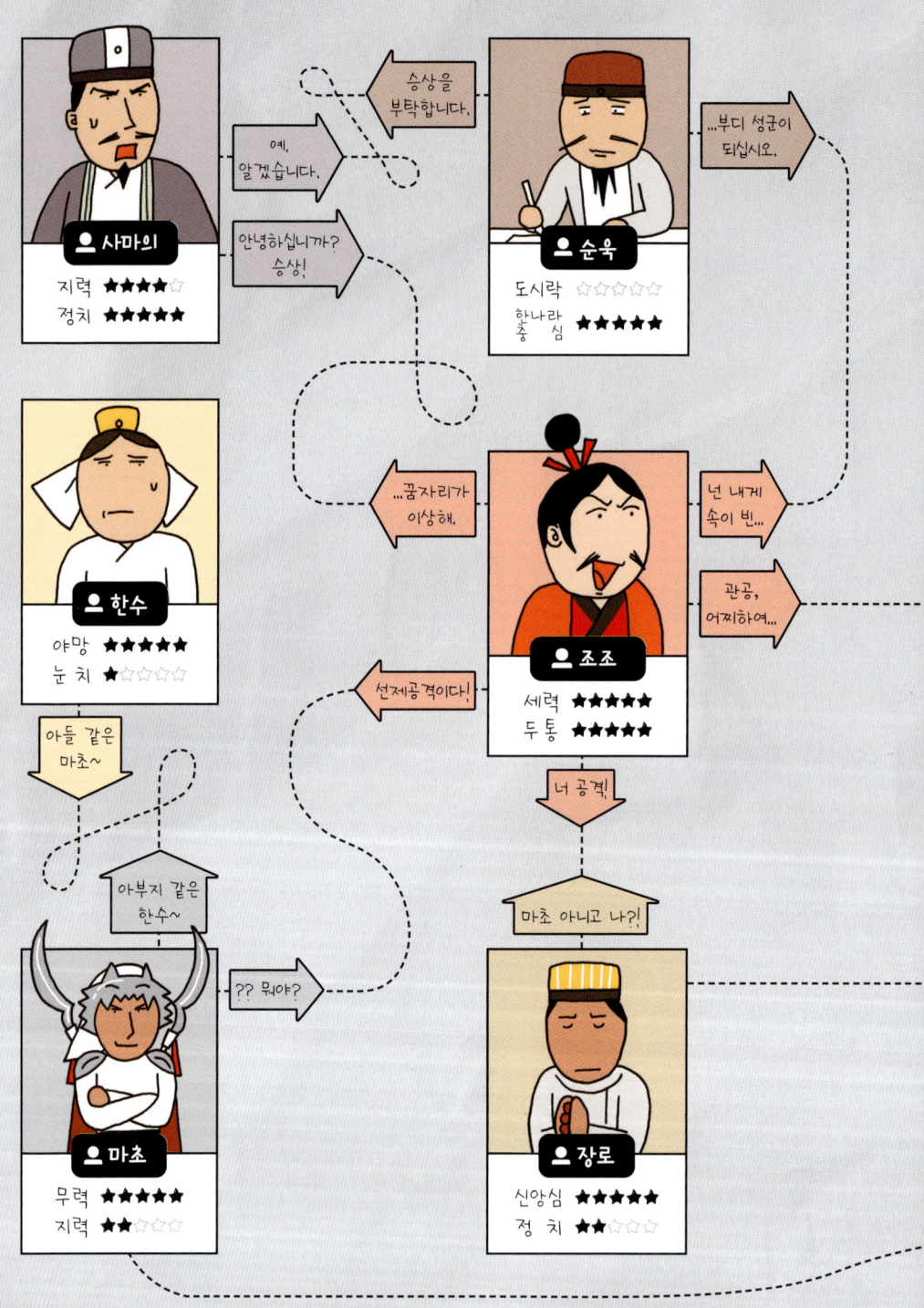

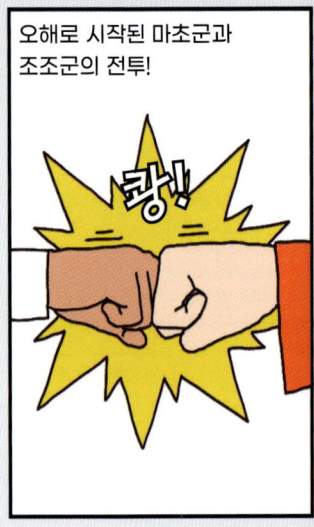

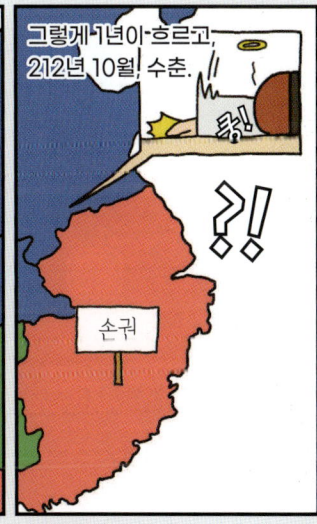

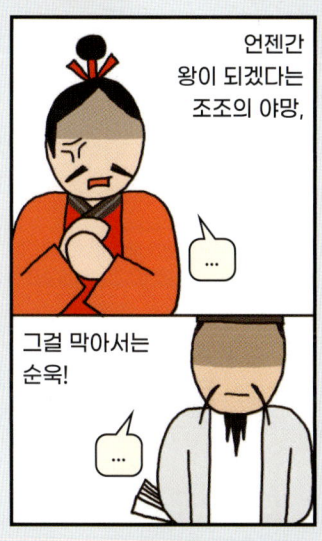

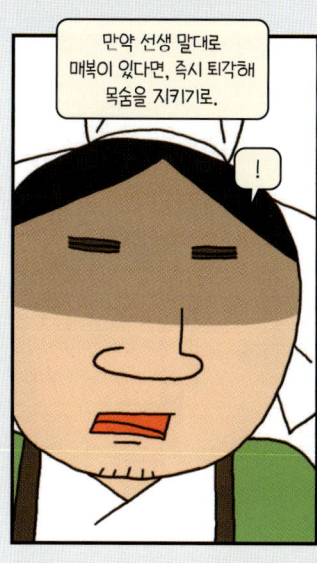

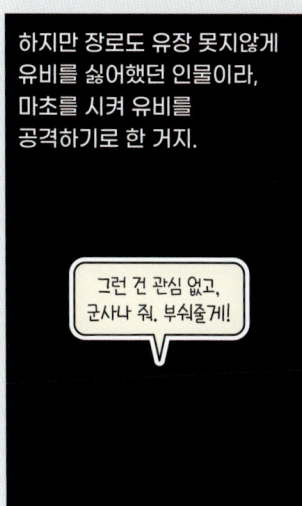

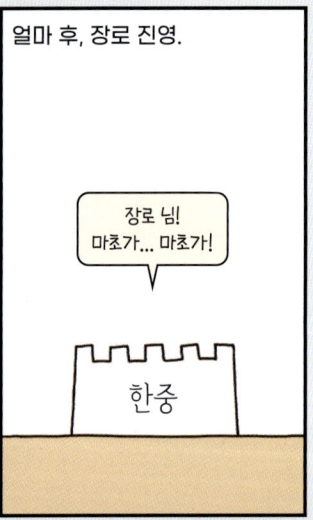

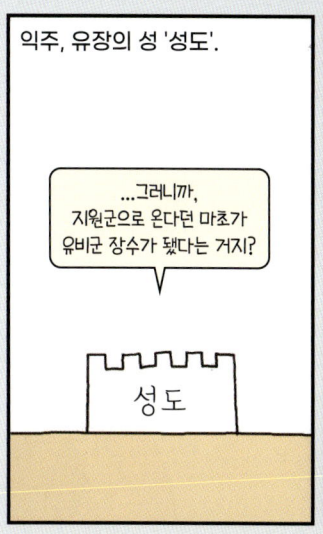

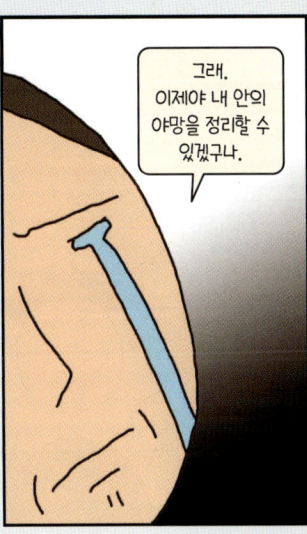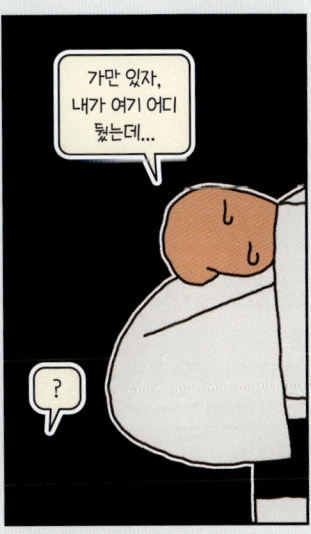

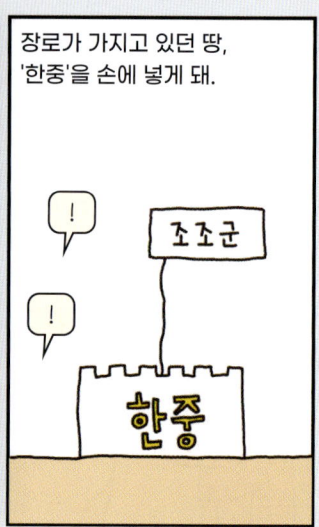

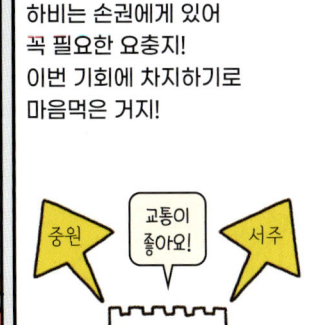

* 이전의 삼촌 '이건'은 여포와 싸우다 죽었다.

6장 | **천하삼분지계** 북은 조조, 동은 손권, 그럼 남은 건 서쪽!

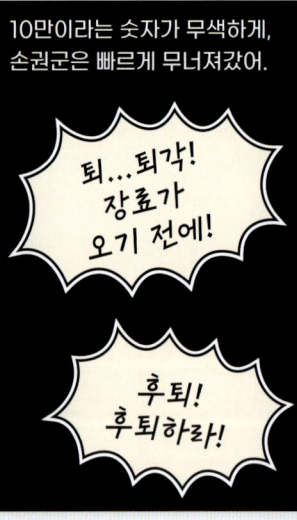

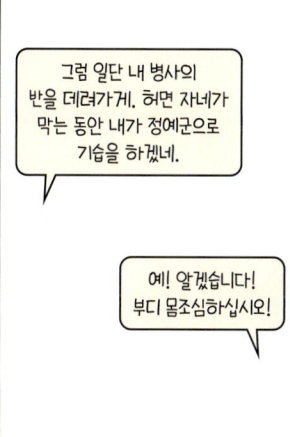

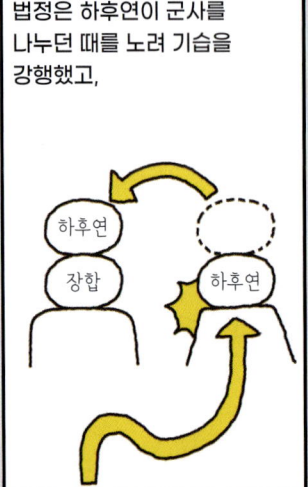

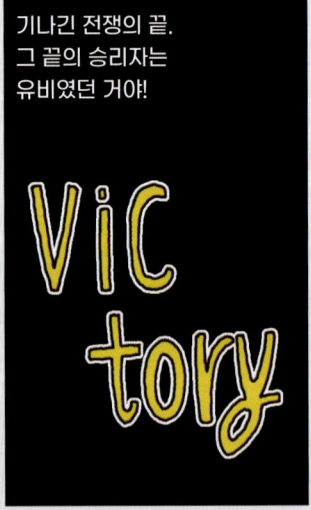

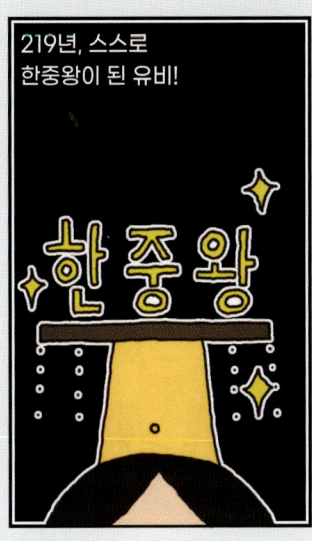

6장 | 천하삼분지계 북은 조조, 동은 손권, 그럼 남은 건 서쪽!

6장 | **천하삼분지계** 북은 조조, 동은 손권, 그럼 남은 건 서쪽!

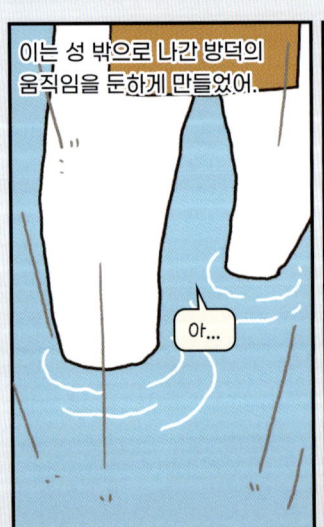

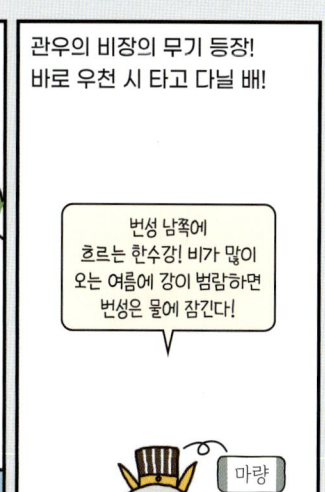

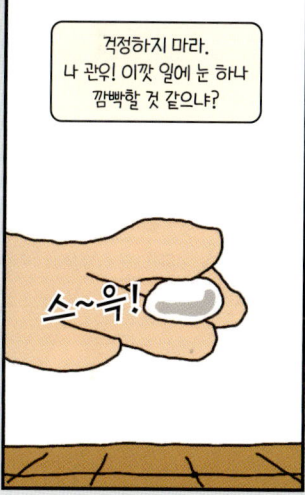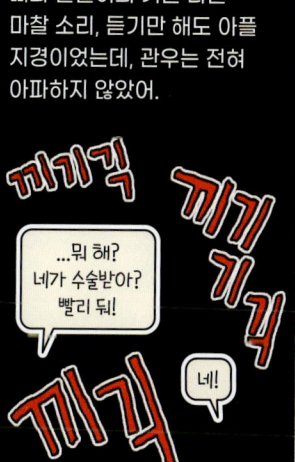

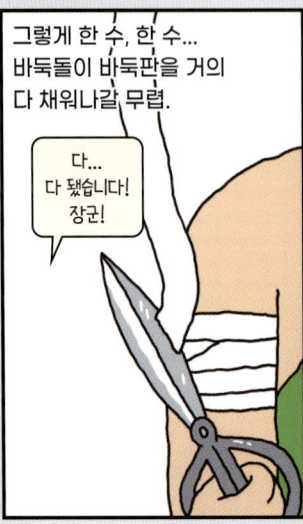

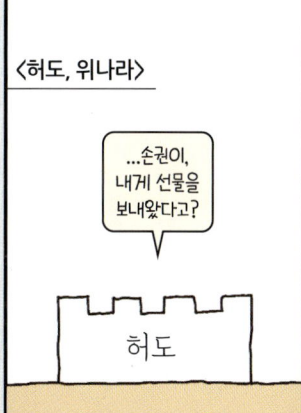

6장 | 천하삼분지계 북은 조조, 동은 손권, 그럼 남은 건 서쪽!

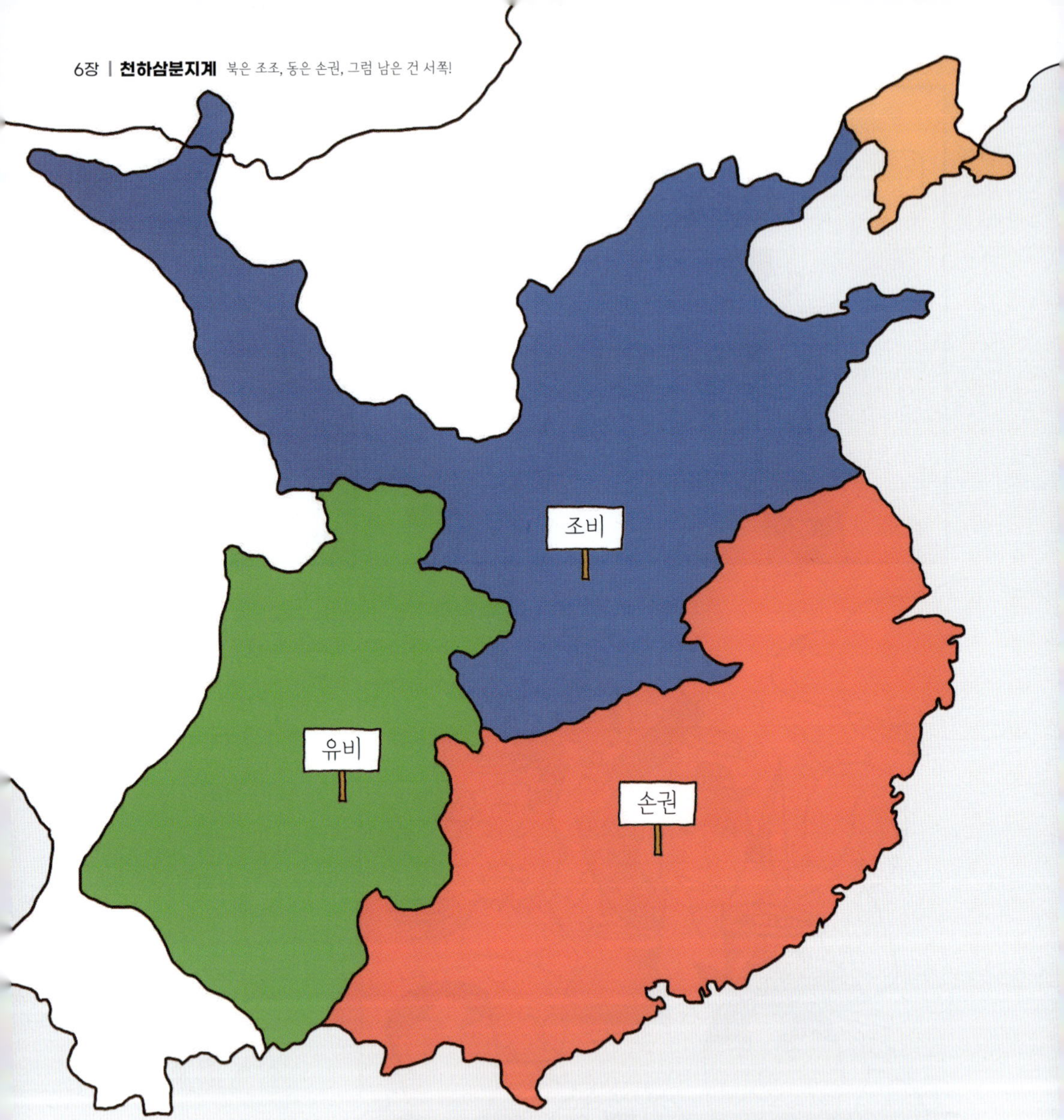

6장 | **천하삼분지계** 북은 조조, 동은 손권, 그럼 남은 건 서쪽!

조비

유비

손권

조조의 왕위를 이어받은 조비, 그는 어떤 인물일까?

...좀 작게 만들까?

그리고 관우를 잃은 유비, 그에겐 또 무슨 일이 벌어질까?

두둥!

알아두면 쓸데있는 삼국지 잡학사전

6장 천하삼분지계 북은 조조, 동은 손권, 그럼 남은 건 서쪽!

한수
본래 이름은 한약(韓約)으로, 한나라 왕조에 2번이나 반란을 일으킨 장수였다. 조정의 수배를 피하고자 이름을 바꿨고, 서량까지 도망치다 마등을 만나 의형제까지 맺었다.

"마등, 이번에야말로 한 왕조를 무너뜨리자고. 같이 할 거지?"

마등
마초의 아버지. 키가 8척이 넘고(약 190cm) 미남이었으며, 높은 코가 인상적이었다고 한다. 당시 중국 서부에 코카소이드(백인)나 코카소이드 혼혈이 있었다는 걸 보면 정말 황인과 백인의 혼혈이었을 수도 있다.

"여보게, 난 이제 가족들 데리고 한나라 관리가 될 거야. 그러니 자네도 그만하게..."

법정
제갈량, 방통에 이은 천재 책사로, 유비가 한중을 치러 갈 때 제갈량이 아니라 법정을 데려갈 만큼 똑똑했다. 제갈량이 행정업무에도 강한 모습을 보였다면 법정은 작전참모 쪽에 가까운 이미지.

"제갈량 님 같은 분이 내정을 맡아야지. 난 그런 지루한 일 못해."

사마의
조조군의 책사. 순욱의 추천으로 조조군에 들어왔고, 순욱의 자리를 이어받았다. 조조는 한때 사마의의 충성심을 의심한 적이 있으나, 아들 조비가 사마의를 아꼈던 탓에 조조의 의심은 헤프닝으로 끝나고 말았다.

"전하, 찾으셨습니까?"

낭고상 狼顧相
이리나 늑대처럼 목을 180도 돌릴 수 있는 상. 반역의 상이라고 불렸다.

"꺄아아아아아아아 너 뭐야아아아아아아?!"

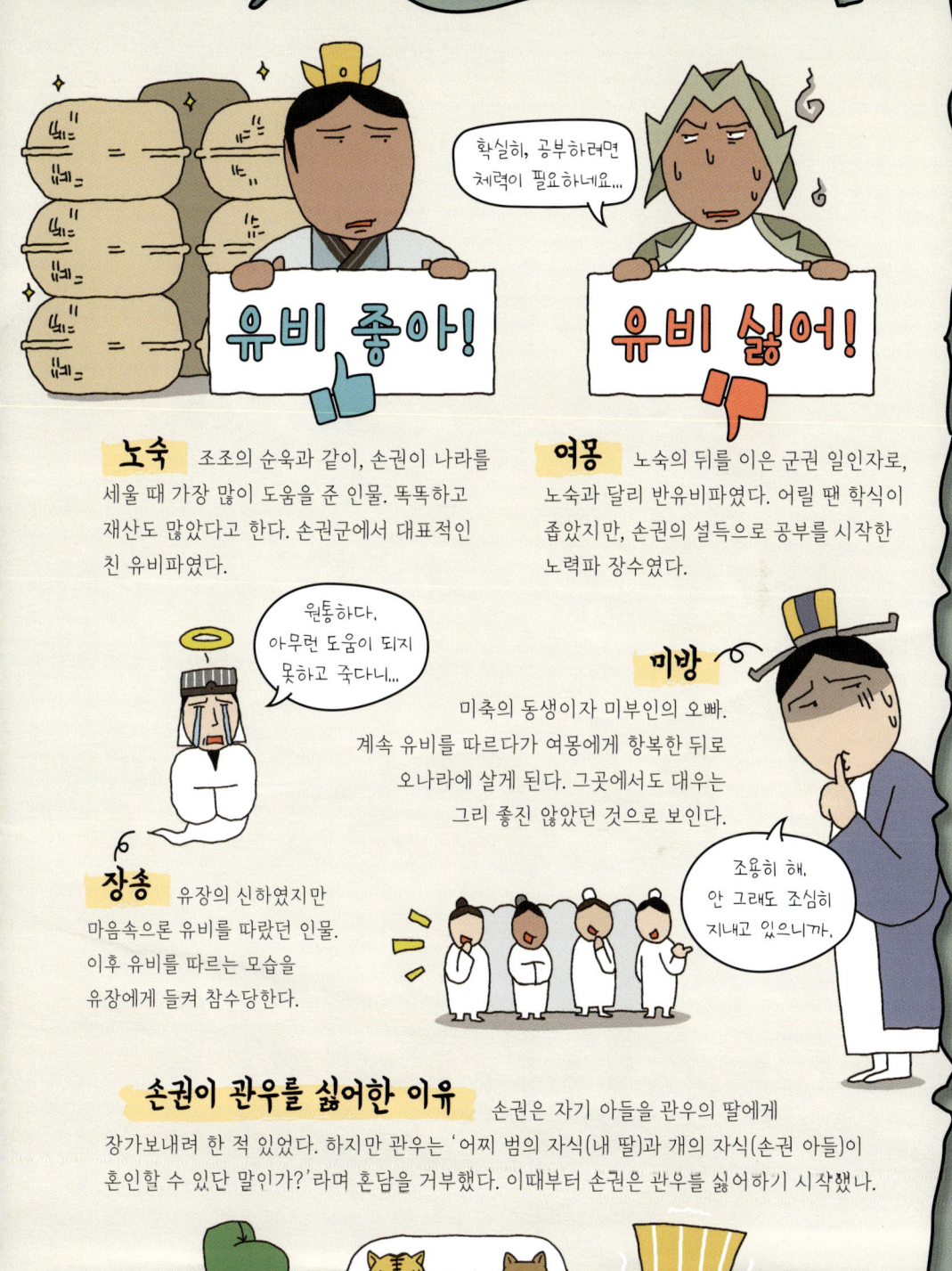

짧았던 전성기,
하지만 그 꿈은
제갈량에게
전해진다.

AD 220 - AD 234

7장
유비의 꿈

인물관계도 AD 220 - AD 234

짧았던 전성기, 하지만 그 꿈은 제갈량에게 전해진다.

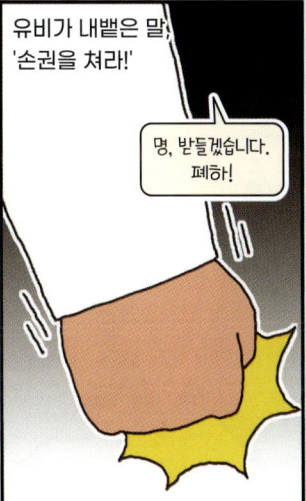

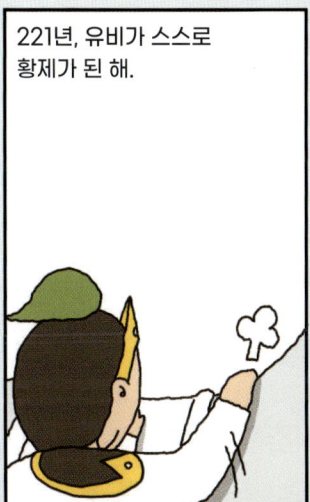

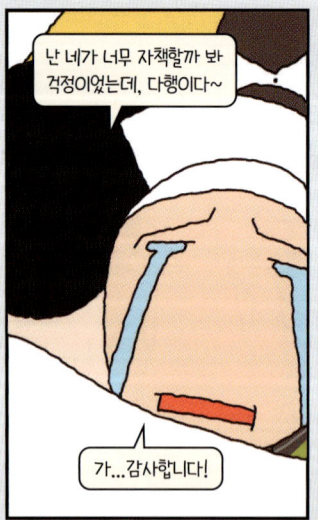

7장 | 유비의 꿈 짧았던 전성기, 하지만 그 꿈은 제갈량에게 전해진다.

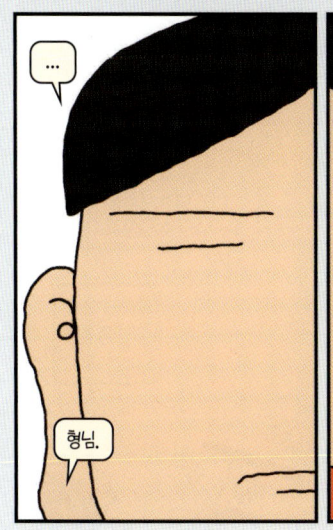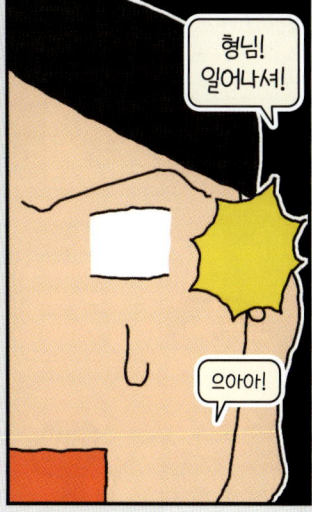

7장 | **유비의 꿈** 짧았던 전성기, 하지만 그 꿈은 제갈량에게 전해진다.

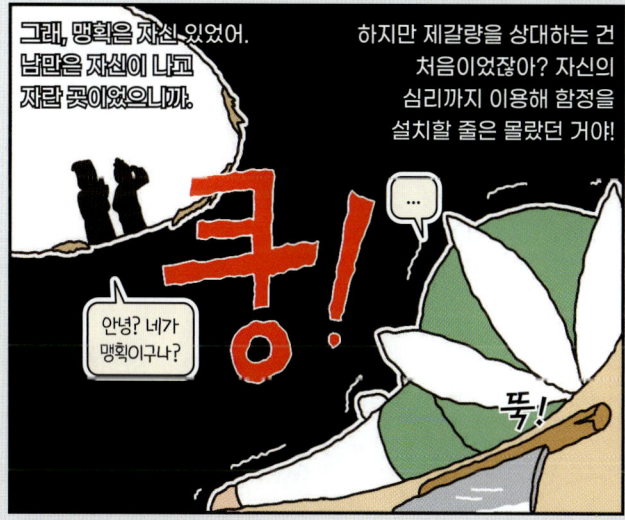

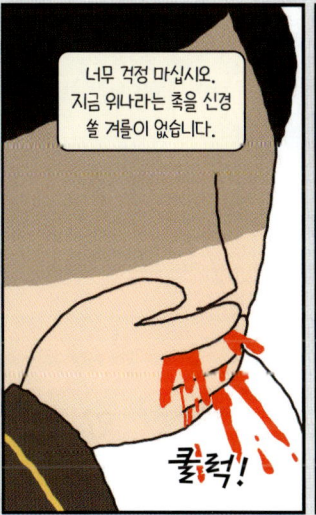

7장 | 유비의 꿈 짧았던 전성기, 하지만 그 꿈은 제갈량에게 전해진다.

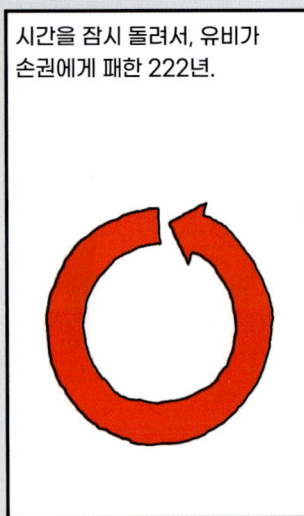

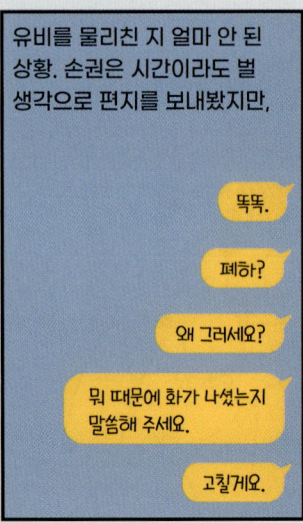

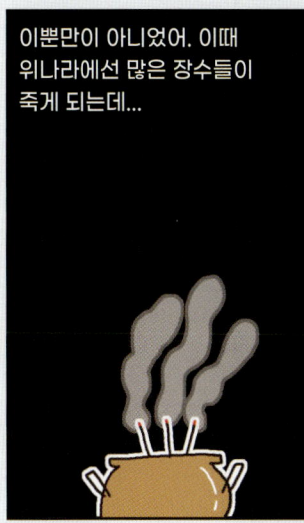

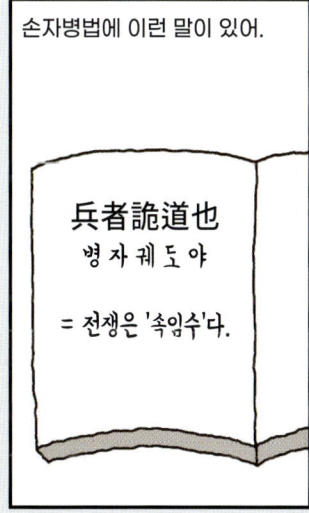
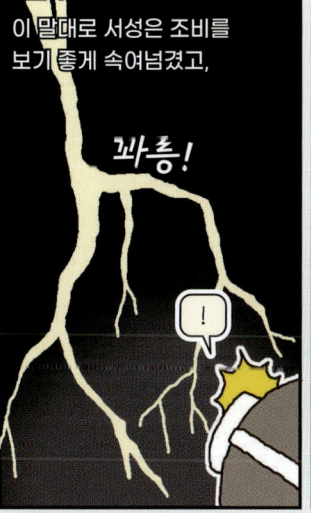

7장 | **유비의 꿈** 짧았던 전성기, 하지만 그 꿈은 제갈량에게 전해진다.

7장 | 유비의 꿈 짧았던 전성기, 하지만 그 꿈은 제갈량에게 전해진다.

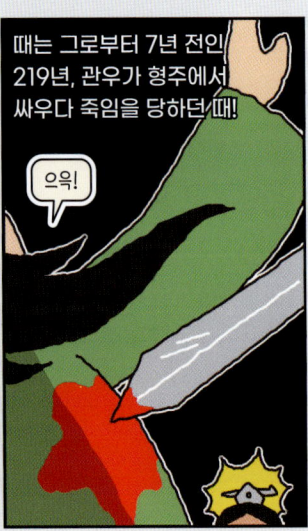

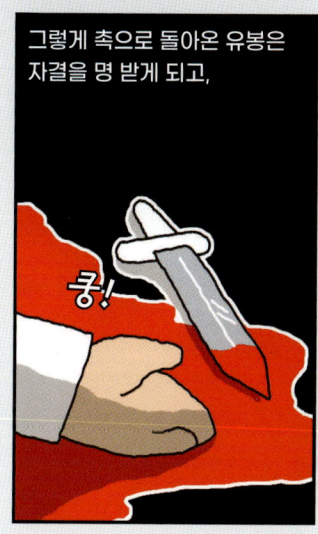
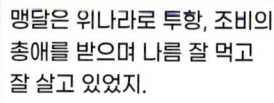

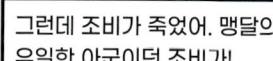

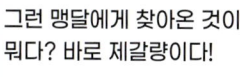

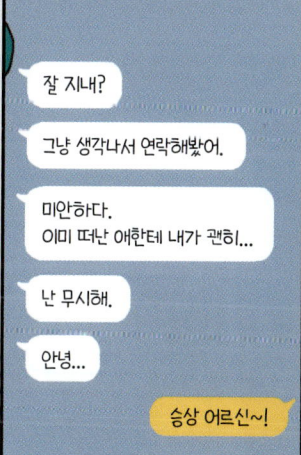

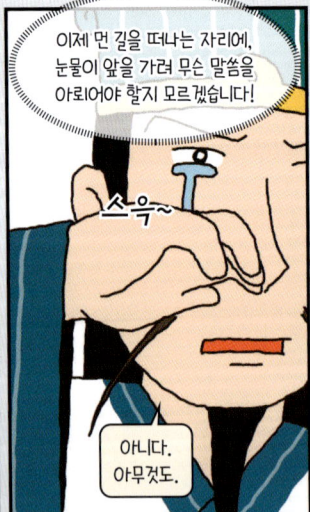

7장 | **유비의 꿈** 짧았던 전성기, 하지만 그 꿈은 제갈량에게 전해진다.

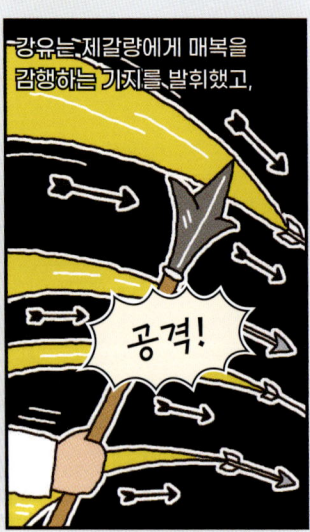

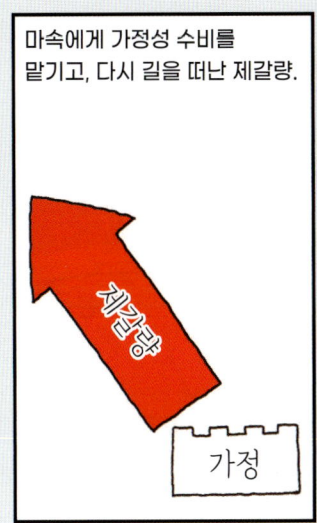

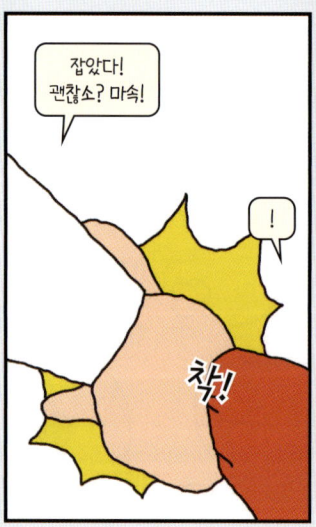

7장 | **유비의 꿈** 짧았던 전성기, 하지만 그 꿈은 제갈량에게 전해진다.

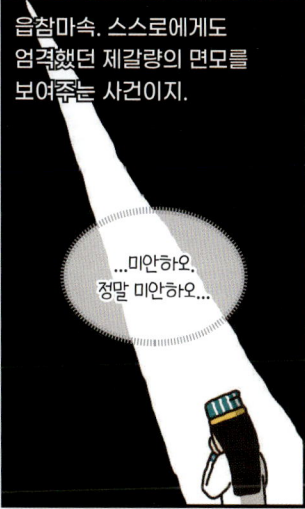

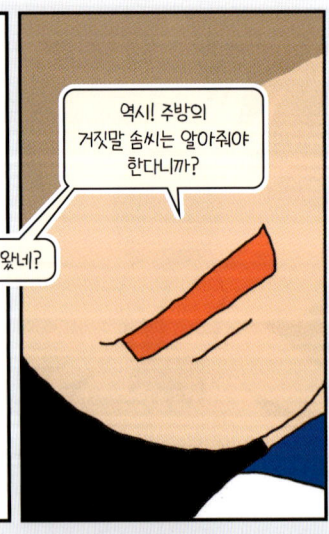

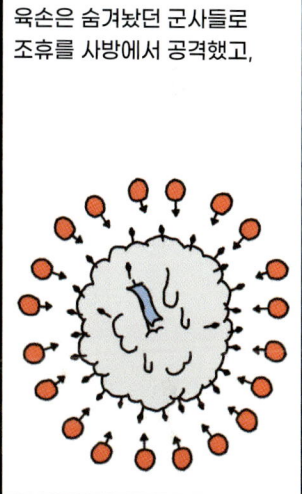

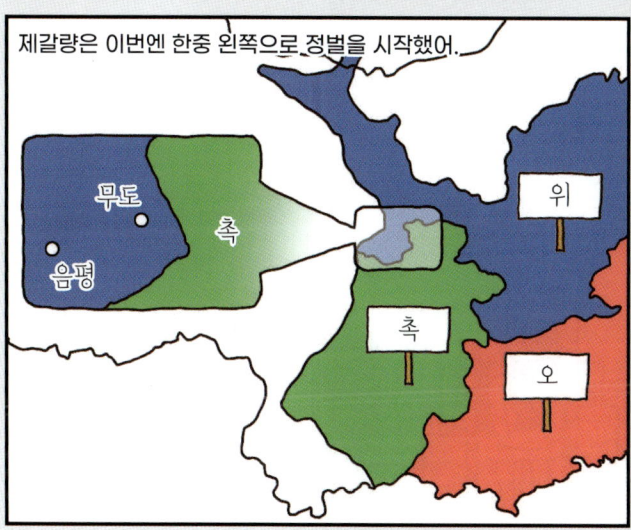

7장 | **유비의 꿈** 짧았던 전성기, 하지만 그 꿈은 제갈량에게 전해진다.

7장 | **유비의 꿈** 짧았던 전성기, 하지만 그 꿈은 제갈량에게 전해진다.

* **상규** : 한중 위쪽

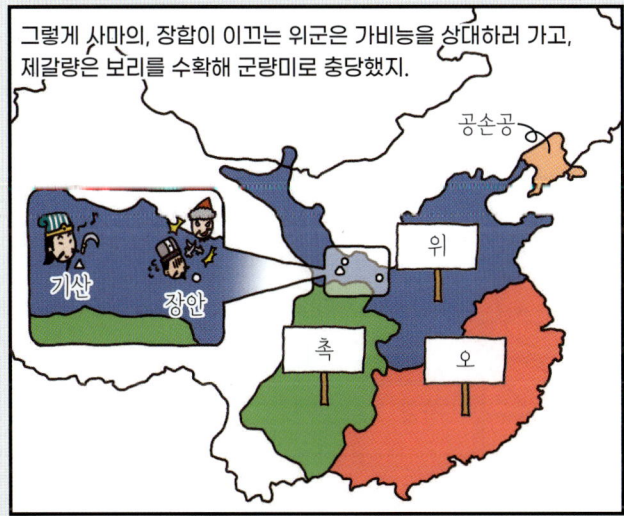

* **탁고대신** : 선왕의 유언을 받들어 어린 왕을 보필하는 신하 * 탁고대신 = 충신 of 충신 = 큰 지위

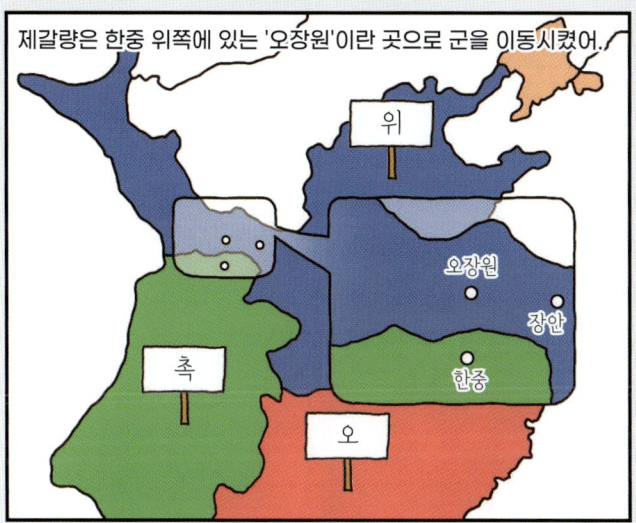

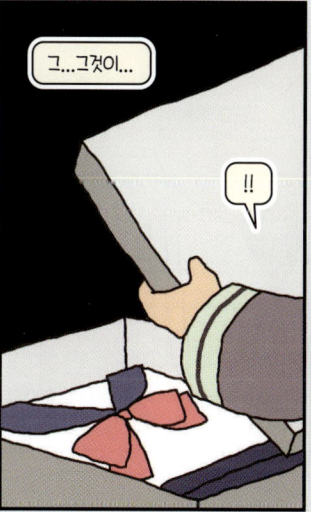

7장 | **유비의 꿈** 짧았던 전성기, 하지만 그 꿈은 제갈량에게 전해진다.

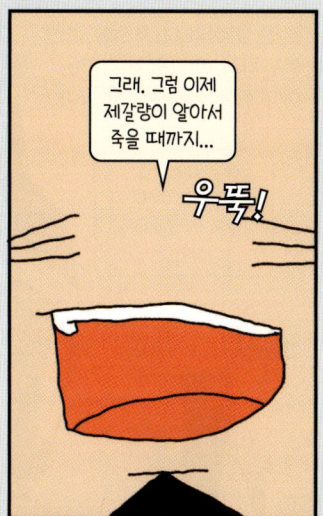

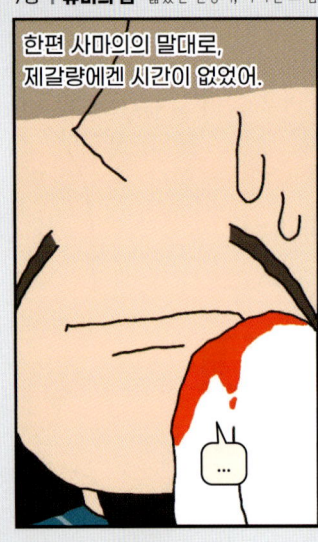

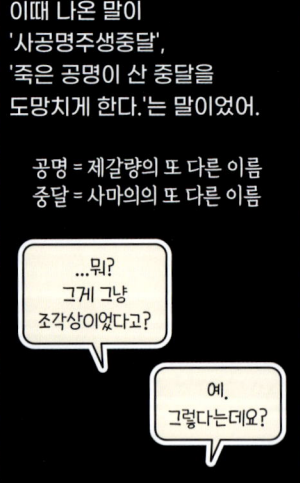

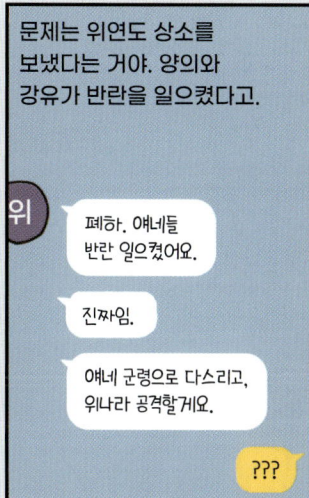

7장 | **유비의 꿈** 짧았던 전성기, 하지만 그 꿈은 제갈량에게 전해진다.

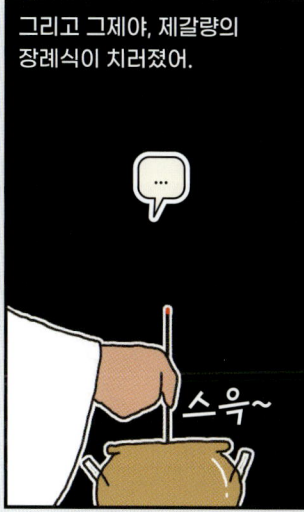

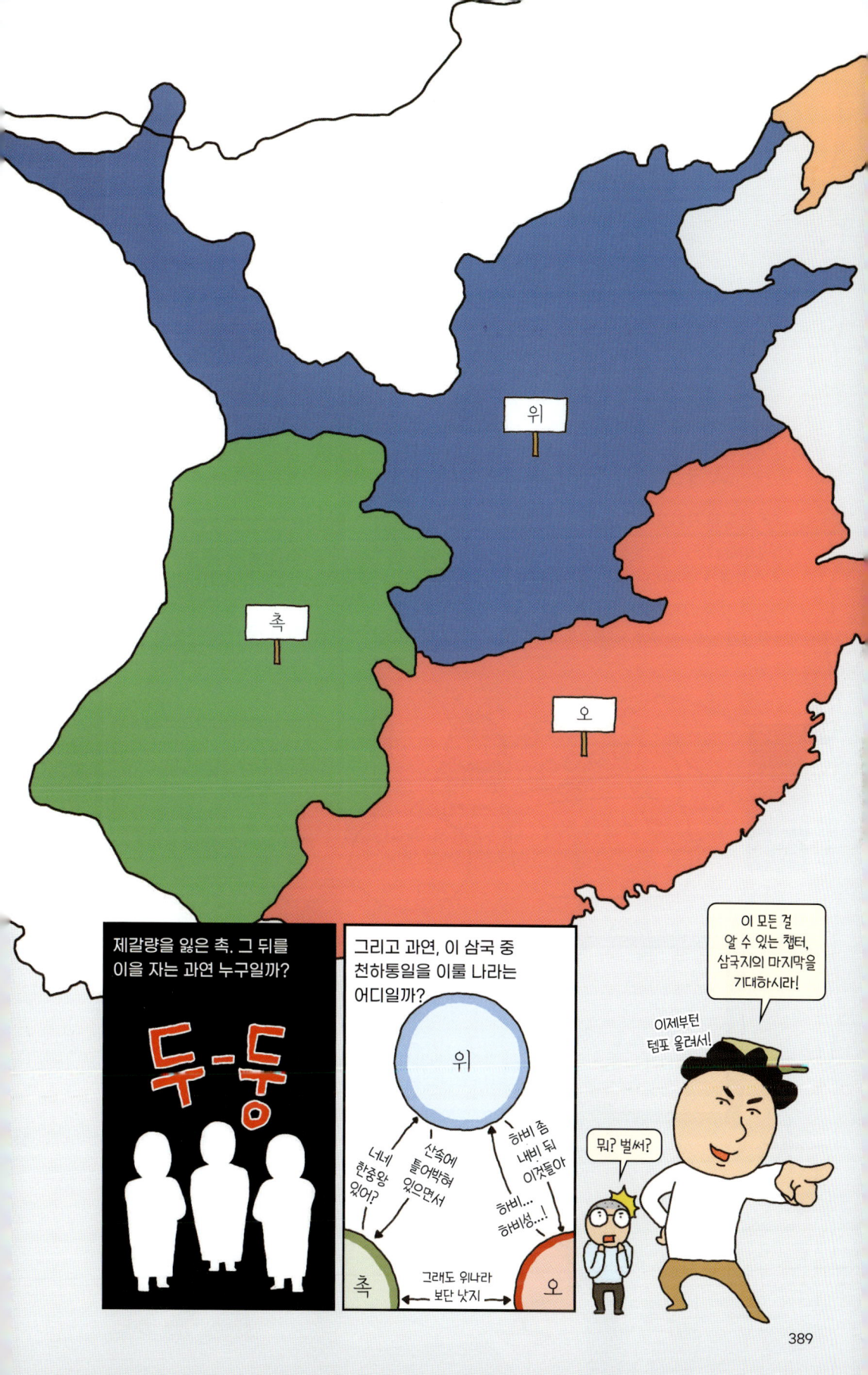

알아두면 쓸데있는 삼국지 잡학사전

7장 유비의 꿈 짧았던 전성기, 하지만 그 꿈은 제갈량에게 전해진다.

그 후로 헌제는?

220년, 황제 자리를 물려준 유협은 산양공(山陽公)이라는 귀족 신분으로 내려와 지내게 됐다. 그 뒤 14년이나 더 살고 234년에 자연사했다. (제갈량과 출생, 사망 연도가 같다.)

"이상하군. 내려오니까 마음이 날아갈 것 같구나…"

오늘의 직업운: 뜻밖의 행운이 올 것 같아요!

"이거 진짜겠지? 그럼 나 다시 복직할 수 있을까?"

이엄

유비가 익주를 정벌할 당시 투항한 장수다. 익주 장수 중 유능한 편에 속했기 때문에 탁고대신이 될 수 있었다. 말년에 욕심만 부리지 않았어도…

칠종칠금 七縱七擒

7번 잡은 걸 7번 놓아줬다는 고사성어. 제갈량의 남만 정벌에서 유래한 말이다.

"4번 더 잡혀 오시면 추가로 한 번 더 풀어드립니다, 고객님~"

"…됐어요! 그런 거 없어도 돼요."

칠성등 속명법 七星燈 續命法

북벌 중 건강이 안 좋아진 제갈량은 강유의 권유로 생명을 연장하는 의식을 치렀다. 6개의 큰 등과 하나의 주등, 49개의 작은 등을 준비하고 7일 동안 기도를 드리면 수명이 12년 연장되는 의식이었다. 하지만 6일째 되는 밤, 사마의의 야간 기습에 위연이 막사를 열었고, 촛불을 꺼뜨리면서 제갈량의 생명 연장은 실패했다고 한다.

울컥!

"승상! 지금 밖에 적군들이 승상의 목을 노리러 왔습니다아아아아아아!"

"…인생."

읍참마속 泣斬馬謖

'울며 마속을 벤다.'는 말. 아무리 제갈량의 총애를 받는 마속일지라도, 군기와 체제를 지키기 위해서는 정에 휘둘리지 않아야 한다는 교훈을 주는 말이다.

촉의 명장 조운

1차 북벌 당시, 조운은 퇴각하면서 직접 부대 후방에 위치해 조진의 추격대를 막았고, 그로 인해 조운의 부대는 병력손실이 거의 없었다고 한다.

유린(어린 기린)

강유의 또 다른 별칭은 幼麟(유린=어린 기린, 용머리에 말 몸통을 가졌다는 전설의 동물)인데, 이는 후대의 사람들이 지어준 별칭이다. 여기에 기존 제갈량, 방통과 사마의까지 더해져 복룡봉추총호유린(伏龍鳳雛冢虎幼麟)이라고 불렸다.

최후에 미소 짓는 자는 누구?

AD 234 - AD 280

8장
마침내, 천하 통일!

인물관계도 AD 234 - AD 280

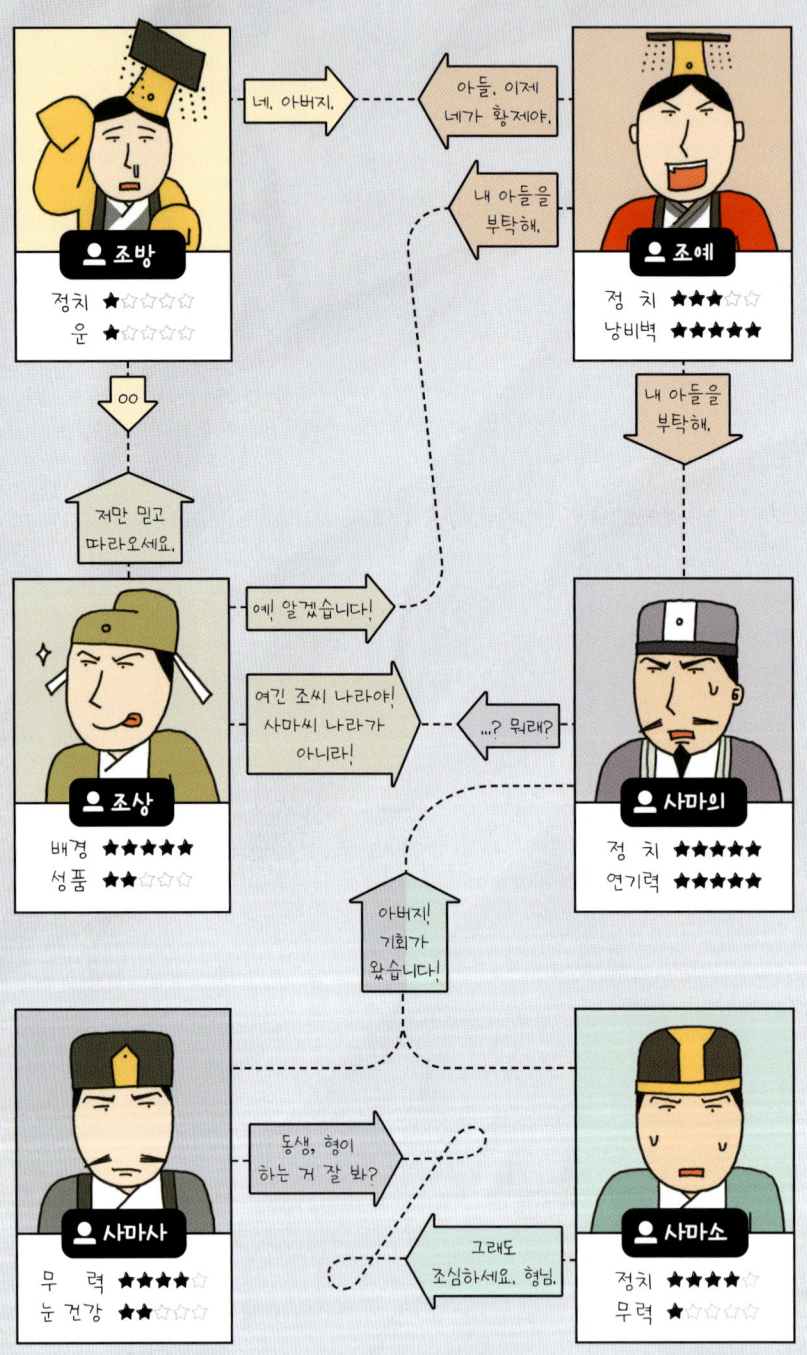

8장 | 마침내, 천하통일!

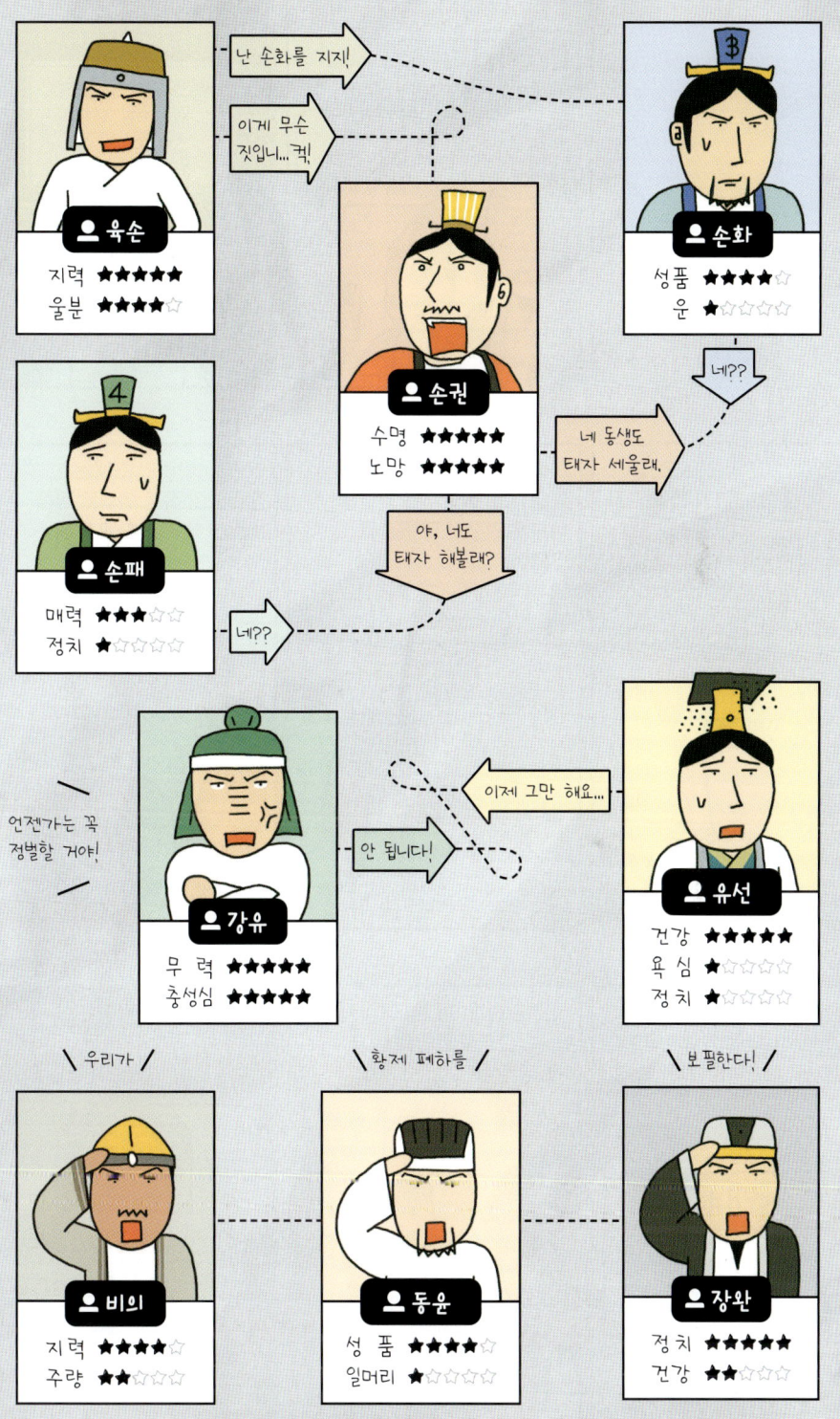

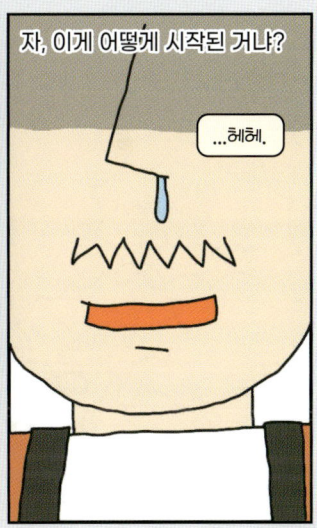

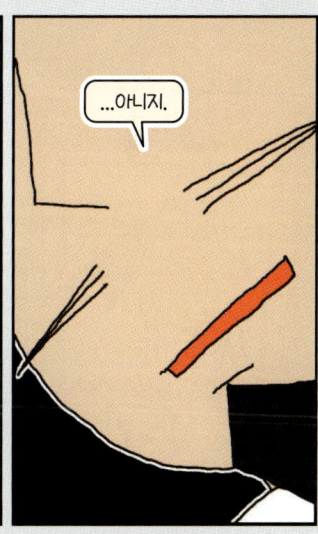

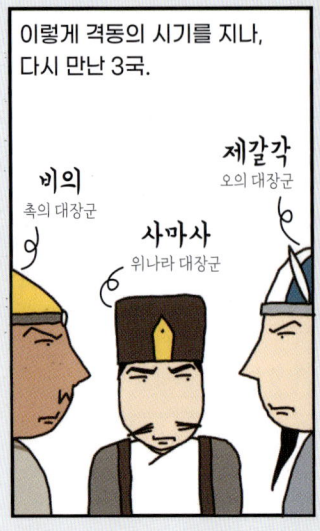

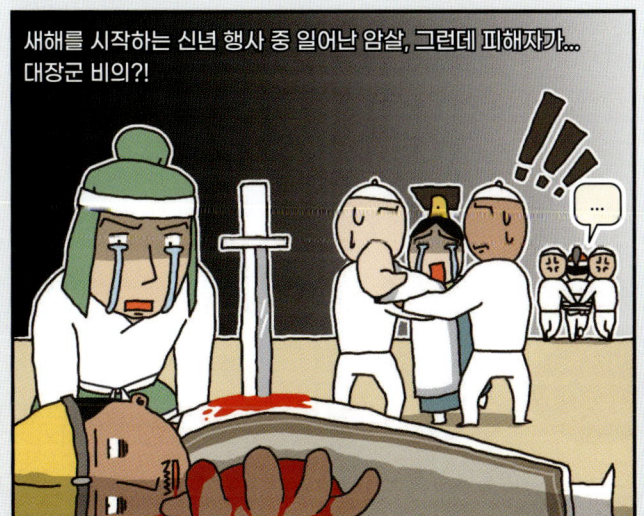

8장 | 마침내, 천하통일! 최후에 미소 짓는 자는 누구?

곽순은 강유에게 붙잡혀오면서 한가지 결심을 했었거든.

그건 바로 '촉 황제 암살'!

그래서 곽순은 새해가 밝아오는 신년 연회에 유선을 죽일 계획을 세워보았지만...

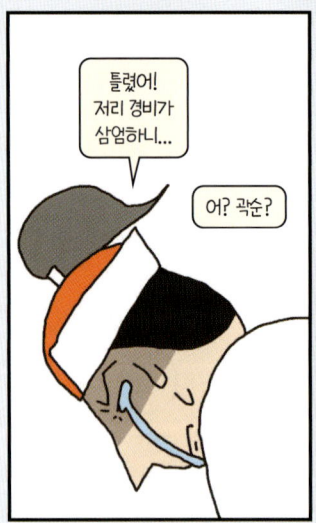

그렇게 곽순은 당일에 계획을 바꿔 비의를 죽이게 된 거야.

물론 이 일로 곽순은 사형을 당해 죽지만, 이후 촉은 내리막길을 걷게 되었지.

8장 | 마침내, 천하통일! 최후에 미소 짓는 자는 누구?

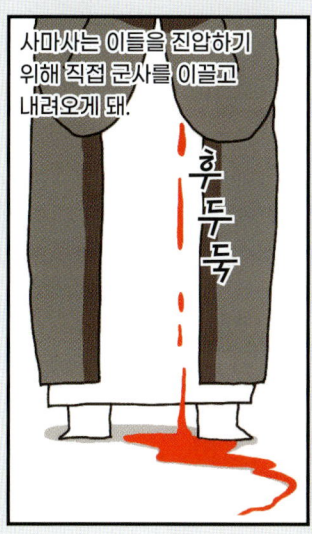
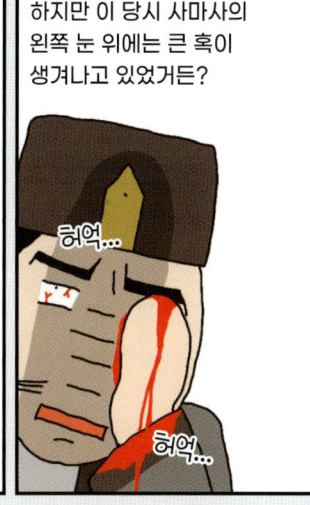

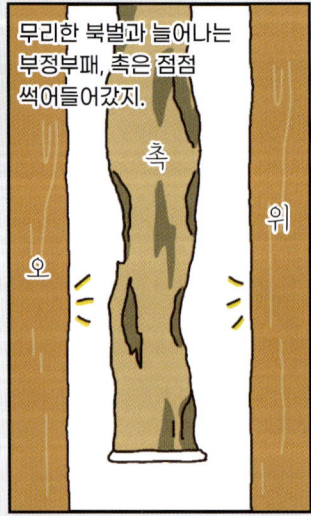

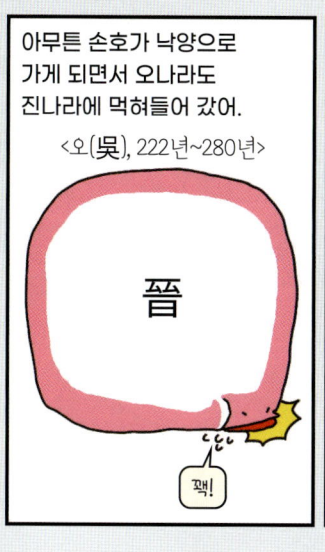

8장 | **마침내, 천하통일!** 최후에 미소 짓는 자는 누구?

알아두면 쓸데있는 삼국지 잡학사전

8장 마침내, 천하통일! 최후에 미소 짓는 자는 누구?

장완

촉나라의 재상.
제갈량의 뒤를 이어 국력을 강화하는 데 힘을 썼다.
하지만 12년 뒤 지병으로 세상을 떠난다.

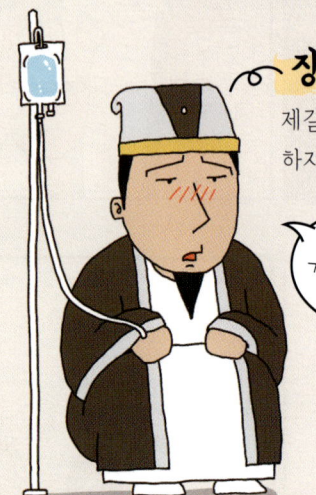

얘들아, 평소에 건강 잘 챙겨야 한다. 알겠지?

건강 잘 챙겨도 죽을 수 있는데...

비의

장완의 뒤를 이은 촉나라 재상.
내정보다는 외정에 많은 관심을 쏟았다.
무리한 북벌은 싫어했기 때문에
강유와 마찰이 있었다.

동윤

궁궐의 질서를 유지하는 일을 했다.
장완이 죽어 비의가 그 자리를 이어받게 되면서
동윤 또한 비의의 업무를 이어받게 되었는데,
많은 업무량에 그만 과로사했다고 한다.

비의야, 넌 이 많은 일을 도대체 어떻게 한 거야?

그대가 고구려의 동천왕인가?

그렇네.

고구려 vs 위나라

공손연이 토벌된 238년.
이때 한반도에서는 고구려의
동천왕이 나라를 다스리고 있었다.
이후 고구려와 위나라 간의 전쟁이
여러 번 치러졌고, 동천왕의 아들
중천왕 즈음에서야 사그라들었다.

왕릉의 난

사마의가 정권을 잡고 난 후, 위나라 장수 왕릉이 반란을 준비했다. 이에 사마의는 즉시 토벌군을 보내 왕릉을 처단했지만, 얼마 뒤 사마의가 사망하면서 왕릉의 저주라는 소문이 돌았다고 한다.

등애

위나라의 장수. 강유의 북벌을 여러 차례 막아냈고, 촉을 공격하기 위해 일흔에 직접 산을 넘는 모습도 보여줬다. 하지만 그런 등애도 모함을 받고 사마소에게 처형을 당했다.

사마충, 가남풍

사마염의 아들이자 서진의 2대 황제, 그리고 그의 정실 황후. 아버지의 뒤를 이어 2대 황제가 되었지만, 어느 기록에서나 상상을 초월하는 바보 같은 행동을 일삼았다. 또한, 악녀로 유명했던 황후 가남풍은 사마충과 너불어 나라를 너욱 혼란에 빠지게 만든 장본인이었다.

삼국지를 한번도
안 읽어 볼 수는 없잖아

3판 1쇄 2025년 11월 1일

저 자 Team. StoryG
펴 낸 곳 OLD STAIRS
출판 등록 2008년 1월 10일 제313-2010-284호
이 메 일 oldstairs@daum.net

가격은 뒷면 표지 참조
979-11-7079-049-5

이 책의 전부 또는 일부를 재사용하려면 반드시 OLD STAIRS의 동의를 받아야 합니다.
잘못 만들어진 책은 구매하신 서점에서 교환하여 드립니다.

공통안전기준 표시사항

- 품명 : 도서
- 재질 : 지류
- 제조자명 : Oldstairs
- 제조국명 : 대한민국
- 제조연월 : 2025년 11월
- 주소 : 서울특별시 마포구 양화로12길 24, 4층
- KC인증유형 : 공급자적합성확인

KC마크는 이 제품이 공통안전기준에 적합하였음을 의미합니다.
책 모서리에 찍히거나 책장에 베이지 않게 조심하세요.